不是
挪威的森林

噶陀格澤仁波切 開示錄

獻給我們懷念的上師——噶陀格澤，
以及嚮往那寂靜森林的每一顆心

噶陀格澤仁波切——著　　丹增暐傑——編譯

目次

編譯序

走向不是挪威的森林

1

第一次見到格澤仁波切是在印度聖地菩提迦耶。大塊頭的他，閒適地待在床上接見來訪的一個又一個信眾。輪到我上前獻上哈達後，我們有一搭沒一搭地談話，只見他一會兒躺在床上聽我說話，一會兒又坐起身問我問題，一會兒又臥在床上撐肘撫臉靜靜望著我。也許是因為他的周圍從沒有裝腔作勢的氣場，跟他在一起便從不需要正襟危坐的緊張。

第二回見面是在位於北印度的達蘭薩拉，當時達賴喇嘛尊者正在傳法，他在熙攘的聞法人群中認出我，要我有空時去他的房間聊天，師徒的法緣就是這樣展開的。那個房間位於大昭寺主殿的樓梯下方，空間很小，他每次來到達蘭薩拉就是暫住在那裡。有一次，他在房裡對我們幾個弟子傳法的時候，正逢大昭寺僧人傍晚辯經，房裡是仁波切對我們諄諄指引修心的要訣，房外則是震響著僧人們咄咄辯論的吶喊與拍掌聲。就在這個時候，格澤仁波切突然暫停傳法，對我們說了一句：「修學佛法，的確有不同的路徑對吧？」那種時刻，就是會讓你多年後回想起來時，會一再回味的「世上最幸福的時光」。

有一年，在格澤仁波切待在達蘭薩拉的期間，我媽媽也來到印度。有一天的傍晚，我帶著她和幾位朋友去向格澤仁波切求皈依戒。進到仁波切房間時，他正在吃著一碗熱呼呼的麵塊湯，只見白白的蒸氣從熱騰騰的碗裡冉冉而升。我們表達了先讓仁波切吃晚飯再受戒的想法，但是格澤仁波切卻放下了碗筷，直接為大家傳授皈依戒。皈依戒其實可以草草幾分鐘完事，可是格澤仁波切沒有要馬上了事把我們打發走的意思。相反地，那場面像是母親為了一群挨餓的孩子煮上一頓豐盛的晚餐，在超過一個小時的時間裡，他依照三世敦珠法王所著的皈依儀軌及註釋，透過科判鉅細彌遺地傳戒，並且細說每一條皈依學處。他的湯碗早已不再冒出白煙，我們的腿也早就開始痠，而他的傳戒、講戒，直到盡善盡美才畫上休止符。

有好幾年的時間，他長住在尼泊爾揚列雪再往深山裡頭去的「嗡嘛呢」地區，那裡有恰度祖古建的閉關中心，而格澤仁波切應邀在那裡坐鎮指導閉關行者。有一年，他說我可以去那裡住上幾天，所以我在一個盛夏時節，從北印度坐了好幾天的巴士到尼泊爾去向他求法。

那段期間，每天早上我們會一起用早餐，我會先向他獻上三頂禮，而他問說:「不用頂禮呀，為什麼要頂禮呢？」我回答說:「我在向上師的身壇城頂禮。」他聽到了以後卻說:「什麼壇城？我身體裡面都是大便啊！」當時仁波切的身軀龐大如巨人，傳法時聲音鏗鏘如獅吼，然而對待弟子的心卻如蠶絲般細柔。能夠與這樣一位上師朝夕相處，沉浸在佛法的喜悅中，毫無疑問會令人自覺是「世上最幸福的人」。

後來，我有幸陪同仁波切前往美國，做他的隨侍與翻譯員。有一天，我們途經一家餐廳用午餐，餐後我陪著他一起走進餐廳旁的一個大賣場。眼前盡是琳瑯滿目的各式商品，但令人震撼的則是他接下來對我說的話：「帝洛巴對那洛巴說：『徒兒，外相不會束縛你，是你對相的執著才會束縛你！』」我覺得這是隨侍實修派上師的最大紅利，你永遠會有機會見證在法會上難得的身教與言教。

有一次，我們到一個美國弟子家中灑淨，仁波切唸完灑淨文後，把寶瓶交到我手中，吩咐我去每個房間灑點寶瓶水。結果手腳笨拙的我，手一滑就讓瓶蓋飛出手掌，整個屋裡於是響徹瓶蓋落地後隨處反彈的巨大回音，我紅著臉走回仁波切身邊的時候，看到他仍在哈哈大笑個不停。

又有一次，仁波切在新墨西哥州沙漠地帶的一個寂靜道場傳法。在美國參加法會跟去戲院看電影一樣，都是「付費入場」制。當時有一位經濟條件沒有很好的美國弟子因此無法每天去聽法。仁波切知曉「入場費」制度後，就在表定每天上下午一共至少五六個小時的公開傳法時間之外，另外挪出時間，叫那位弟子到他房間加演「特別場」，一對一私下講授了《佛子行三十七頌》。我記得仁波切花了兩天的時間講完，講完那天正好是藏曆初十蓮師日，天空還出現了兩道彩虹。我想，對那位弟子來說，那一定也是一生中最幸福的時光。

還有一次，仁波切應邀到阿肯色州一個位於山林中的道場傳法，那時有一位弟子碰上的麻煩不是經濟問題，而是道場設下的「參加門檻」：只有完成四加行到某種程度的弟子才能參加。仁波切知道這件事之後，又私下喚來那位弟子，給予修行上的忠告，並且特別交付功課、進行數次問答。後來仁波切跟我說，道場裡有這麼多人跑來問他問題，可是最有深度、最具修行關鍵的問題，卻是由這位「不符門檻」的弟子所提出的。我想，那位得到特別關照的弟子肯定也體會了成為「世界上最幸福的人」是什麼樣的滋味。

後來，格澤仁波切被推舉為寧瑪派的掌教之主，華人弟子們則順水推舟地奉上「法王」頭銜。然而不管是叫仁波切還是叫法王，他那格澤式的風骨從未改變。他沒有在大寺院掌權，也沒有謀求廣納徒眾，更未曾累積眷屬、侍者和財富，唯一設立的佛學會，是位於馬來西亞吉隆坡安邦區的一個中心。

其實，坐擁「教主」「法王」頭銜何嘗不是大展鴻圖的時候？在仁波切最後一次造訪馬來西亞時，一天特地喚來中心的執事秘書，要商討中心的相關事宜。結果我們沒有想到，仁波切當場這樣說：「我什麼都沒有，我沒有親人，沒有侍者，沒有財富，沒有車子，沒有寺院……唯一稱的上『我的』的東西，只剩下這個中心了，現在我要把這個也消滅掉。」接著，他交代秘書為他辦理相關程序，將這個中心供養給噶陀祖寺。

2

這本書取名叫《不是挪威的森林》。「挪威的森林」是披頭四的一首名曲，後來變成村上春樹的小說書名，再後來又成為伍佰的歌名。總之，「挪威的森林」一詞，在不同的時空背景下都是主流流行文化的象徵。而在這本書裡，盡是一位非主流的修行人所開示的不討好內容。有時候，我們難以形容一個人或一件事「是如何如何」，相形之下，要去說那件事或那個人「不是如何如何」反而容易得多。

格澤仁波切，不是那種營造華麗形象的上師，你會看到他穿著背心躺在床上，被你逗笑，或者逗著你笑。格澤仁波切，不是那種引經據論的博學教授，但是談起修心，他絕對傾囊相授。格澤仁波切不是那種高高在上要你恭敬獻供的上師，他不會說你是他的弟子，而總是說你是他的朋友。格澤仁波切，不是那種在舞台上尋找光環和掌聲的上師，他會親自到台下，在一個被人遺忘的角落找到你，然後把最好的東西交給你。格澤仁波切不是那種藉著名望開疆闢土的上師，他不求勢力版圖越來越大，只想讓自我越來越小。

格澤仁波切圓寂幾年之後，我做了一個夢，在那夢中，我與仁波切面對面而坐，我向他談起當時在美國弟子家灑淨的場景：「我笨手笨腳地讓寶瓶蓋重重滑落到地上，而您在一旁笑了起來。」然而這一回，夢中的他沒有哈哈大笑，這位溫柔的巨人只是微笑地聆聽著我，那表情彷彿在對我說：「我記得，我記得。」夢中的我，淚流滿面，夢醒的我，滿臉淚痕。

其實，善忘的總是弟子，何曾是上師？也就因此，整理出一本仁波切的開示錄實屬必要。弟子們的胃口總是很大，總要仁波切傳灌頂、講授大圓滿，雖然人的思想千奇百怪，但在這一點上卻始終一致，放諸四海皆準。仁波切的足跡，東自日本、馬來西亞、新加坡、台灣、香港，西至美國、巴西，南抵南非，北達俄羅斯。粗略估計，在他的傳法生涯中，大約傳授了兩三百次的灌頂，而在公開場合傳授大圓滿的部分，單以一世敦珠所造的

《淨相》，就傳授了至少五次以上。他在海外所傳授最大部頭的論著，則是一世敦珠之心子貝瑪隆多嘉措所造的黑忿怒母法門註釋，而二〇一八年九月在日本的傳法，可視為他在海外的最後法輪。然而，在仁波切在主動提出的傳法清單中，卻多是與皈依、發心、四轉心法相關的內容。

本書中收錄的《怡人森林教言》乃出自寧瑪派祖師龍欽巴尊者之筆。格澤仁波切是在二〇〇九年於美國新墨西哥的 Iron Knot Ranch 道場傳法期間，主動加場給予此論開示，在紀錄當中，這也是仁波切在海外唯一一次講授這篇法要。在這場開示裡，有龍欽巴尊者與格澤仁波切的苦口婆心，為的是讓有緣的弟子，除了能身體力行前往幽靜森林實修，更盼有朝一日自成巍巍巨木，開枝葉、長花果，終以一棵佛果大樹，庇陰三界熱惱有情。

3

再講一個故事好了，我保證是最後一個故事了。有一段時間，我出國都用一登山包作為行李。格澤仁波切跟我說：「那個背起來很重，應該換個行李箱比較方便。」可是我覺得堪用就好，就一直沒有把它換掉。於是，那個又髒又舊的登山包，就隨著我一同跟著格澤仁波切去了美國、日本和馬來西亞。在吉隆坡的某天早上，我看到格澤仁波切小聲對著兩位喇嘛不知在囑咐些什麼，那兩個喇嘛接到命令後便出門去了。幾個小時後，我看到他們拎著一個行李箱回來，也就是在那個時候，我才意會到，我那陳年登山包早就被仁波切下令處理掉了。他把喇嘛帶回來的行李箱交給我，淡淡地對我說：「這個比較好，就用這個。」

一個真正的上師就是如此，所做的一切都是為了弟子好，他也知道，什麼才是真正的好東西。真心希望，大家也能在這本書中，看到這些開示的好。

謹以這本書，獻給我們懷念的好上師——噶陀格澤，以及嚮往那寂靜森林的每一顆心。

丹增暐傑

寫於格澤上師圓寂六週年

藏曆木龍年十月十一日（二〇二四）

《怡人森林教言》講解

開示時間：二〇〇九年夏天

開示地點：Iron Knot Ranch（美國新墨西哥州）

大家應該以「為了在此世之中，將等同虛空的一切如母有情安置在原初遍主普賢王如來的果位」的菩提心動機來聞法。聽聞的法要乃是《怡人森林教言》，此法的講述包括三個部分：初善——開場意趣、中善——正文旨趣、後善——結語。

初善之中又包括三者，首先道出法門名稱，本論題為「怡人森林教言」（༄། །ནགས་ཚལ་ཀུན་ཏུ་དགའ་བའི་གཏམ་བཞུགས་སོ།）。森林即樹木所成之林。如果森林茂密而舒適，我們身處其中會感到歡喜，對於實修正法來說，在如此怡人的森林修行，將可以在相續當中生起證悟覺受。森林是有如此這般寂靜處之功德，不過，以外在表相來說，雖然森林顯現為植木樹林，而事實上森林又與勝義心性相關。所謂的「怡人森林」，可以理解為是「通達一切遍知與解脫之道」。而「教言」指的是關於如何修成一切遍知與解脫道的註釋內容，也可以說這裡面含有特殊的竅訣。

以上是法門名稱的解釋，對於上根者而言，在看到「怡人森林教言」一名，除了明白這裡面不只談到寂靜處之功德，還可能提及在寂靜處實修之特殊口訣；中根者會明白這裡面應有以寂靜處為主題的特別與稀奇之竅訣；下根者則有如「看到藥袋上的標籤即知袋裡裝有何藥」一般，方便循名尋覓此論。以上是解釋論名的需求與目的。接下來是以印度語道出論名：

རྒྱ་གར་སྐད་དུ། སྭ་ན་ཨཱ་ནནྡ་བྲ་ཏི།།

印度語：薩納阿南達巴帝。

我沒有辦法適當地翻譯這句，不過其意涵應該就是以下這句：

བོད་སྐད་དུ། ནགས་ཚལ་ཀུན་ཏུ་དགའ་བའི་གཏམ།

藏語：怡人森林教言。

對照前面這兩句來看，「薩納」大概是森林，「阿南達」大概是怡人，「巴帝」大概就是教言的意思了吧，哈哈，就當作是這樣吧！

各位也許會覺得：「全知龍欽巴尊者明明是位西藏的上師，並不需要提及印度語的論名呀！」一般來說，從印度文翻譯成藏文的論著，都會提及印度語的論名，也有此必要，而印度語指的是梵語。諸如大悲本師佛等賢劫千佛在贍部洲轉動法輪時，乃是以梵語來轉動法輪。所以論首提到梵語的發音，有著留下習氣、讓加持進入相續的目的。

再者，在西藏是聽不懂印度話的，需要經由殊勝的譯師翻譯，所以提及印度語的論名也具有憶念譯師恩德的目的，凡是從印度文翻譯過來的論著都會如此提及。可是，全知龍欽巴尊者是西藏人，怎麼還需要提及印度語呢？有的人會依據以上的理由來提出這個問題。

印度的班智達們所造的論著，都有極為清淨的根據，絕對不是隨便胡亂寫出來的。往昔的法王們會針對各個論著進行評析，召集五六百位班智達、博學士來檢視該論是否與大悲本師佛的教言相符。若是與佛旨相符，就會向造論者獻禮，為他進行陞座典禮，並且鼓勵大家說：「此乃清淨之論，眾人當實修之。」相反地，倘若所造之論不清淨，則將斬手嚴懲，並將該論付之一炬，而且不只是用一把火燒掉而已，會把它繫在狗尾巴上點燃，還會宣傳凡是觸及此煙將會落入惡道。所以，這些班智達們都是真正受到本尊攝受而造論，不會像當今一些西藏上師依憑己意胡亂寫作，於是印度論著的來源被視為非常清淨，從未發生亂七八糟的狀況。

話雖如此，全知龍欽巴尊者又為何要提及印度語的論名呢？我認為全知龍欽巴尊者放了印度語是要表示：此論與印度班智達們所造的論是沒有差別的，不論是一百位博學者還是一千位成就者來檢視，從顯、密甚至文化的層面，都與大悲本師佛所說的內容無二無別，大概是這樣吧。

總之，此論題為「怡人森林教言」。我們如果待在一個森林或是舒適的地方，就會感到愉悅，讓人樂在其中。另一方面，這部論裡面有提到實修內容以及實修處等諸多口訣，依此將可得到一切遍智與解脫的永恆快樂，我們也可以如此理解「怡人」的意涵。第二是禮敬句，包括了廣、略兩個部分，首先是略的部分：

བླ་མ་དང་དཀོན་མཆོག་གསུམ་ལ་ཕྱག་འཚལ་ལོ། །

頂禮上師與三寶。

在此頂禮上師與三寶的原因是什麼呢？其實所謂的上師與三寶，自性是無有分別的，所謂的了義上師及究竟的皈依境三寶乃為同一自性。「三寶乃諸法究竟實相」之理，在《寶性論》當中有很清楚的闡述。我們嘴巴上說「了義的上師乃是金剛持」其實是有道理的，並不是把沒有的事硬拗成有的。所以既可以說上師分別為三寶，也可以說上師一尊即總集了一切三寶，若是一位具格的上師，則三寶確實完具其中：上師的身是僧，語是正法，意是佛。

全知龍欽巴尊者寫作此論，並沒有順不順利的問題，這本為他的意伏藏。但是一般來說，寫下禮敬句的目的，是為了讓造論順利、令論著具大加持、使論著常住而讓教法不至衰沒、讓與論著結緣的有情得到利益等諸多需求。這是作者在此禮敬的原因。

在西方和一些地區，有些人說西藏的佛教是「西藏上師教」（喇嘛教）。某種程度來說，這樣講也沒錯，因為不論是西藏還是其他地方，不依止上師便無從成佛。佛在世時，有些幸運的所化弟子得以親見佛陀，依佛為師；有些是值遇聖者僧作為上師；有的上師雖然顯現人的形相，實際上密意等同諸佛，這樣的情形是很多的，上師們也就因此被認為與金剛持無有差別。除了上師心意中的無妄本智之外，也尋覓不到別的金剛持，能夠在相續中具備如此本智者，即是具格的上師，能夠為他人直指此心者，即是具格的上師。

金剛持留下眾多開示解脫道的經函，金剛持顯化為大悲本師釋迦佛等賢劫千佛，依次開示了法教。所有開示的內容皆是佛法，別無其他。佛云：「吾示解脫道，解脫當依己。」上師如理宣講了法要之後，就要看自己有沒有去加以實修了。就算追溯到金剛持佛，直至釋迦牟尼佛，會發現他說的法要也正是如此，佛法不會把你帶往不同的地方，這也是佛教之所以需要住世的原因。如果不宣說佛法，也沒有辦法直接就將眾生帶往一切遍智和解脫的道路。從這樣的角度來看，我們將上師們視作跟佛是一樣的，而不能說佛法是由某個西藏上師弄出來的。這是我們之所以說如理如法的上師是很珍貴的原因，既然需要獲得一切遍智及解脫的果位，就不得不依止上師，單憑自己的力量而得以領會佛法的情形是很罕見的。

在勝義的上師與自己的身、口、意三門無有差別之下來頂禮，如此頂禮將具大意義。在虔敬信心之中尋求救護當然也是可以，這就是一般的頂禮。接下來是廣的禮敬句：

གང་སྐུའི་ནགས་འདབས་ཞི་བའི་མེ་ཏོག་གསར་པ་ཅན། །

彼身森林具有嶄新寂靜花，

ཐུགས་རྗེས་བསིལ་བའི་ཟླ་འོད་དང་བཅས་ཉམས་དགའ་བ།།

大悲清涼月光甚美妙舒適，

ཡུན་རིང་དུབ་པའི་སྐྱེ་བོ་ངལ་གསོའི་སྨན་གཅིག་པུ། །

長時疲累眾生休養唯一藥，

སྔོན་མེད་ནགས་ཚལ་རྨད་དུ་བྱུང་ལ་ཕྱག་འཚལ་ལོ།།

頂禮前所未有絕妙之森林。

如前所述，在總集三寶之本質——根本上師——與自心無別之中進行頂禮。而這個禮敬句當中，提到了上師的功德，僅僅值遇好的上師，則成平息貪、瞋、癡等煩惱之緣。嶄新之花有美妙的顏色，具有特色，這是比喻上師相好隨行之功德。大悲心則有如清涼月光，怡人舒適，救拔眾生之熱苦。上師的身、語等功德，讓在輪迴中長時間受苦而疲憊的眾生得到休息的機會，得以在心性中休息，享有從輪迴解脫出來之快樂。於此頂禮以前未曾得到、如今新獲得的森林。如前所述，作者於此頂禮，有為了讓造論順利、使論著具大加持、令教法久住等目的。而頂禮的對象，看似是外在的森林，實際上是比喻具有三密功德的上師。接下來的段落可以說是「著作承諾」的部分：

སྲིད་པའི་གྲོང་ལ་བདག་གི་ཡིད་སྐྱོ་ནས། །

吾心對於輪迴城厭倦，

ཞི་བའི་ནགས་འདབས་བསྟེན་པའི་གཏམ་འདི་ནི། །

憩止寂靜森林此法語，

སྙིང་ནས་ཆོས་ཀྱི་ལམ་ལ་འབད་པའི་རིགས། །

衷心針對精勤法道眾，

སེམས་ཀྱིས་སེམས་ལ་ནང་དུ་ཕྲིན་འདི་ཞུ། །

以心對心道出此私信。

有如敦炯上師在《淨相》裡所提到的，自己尚未了悟的部分，經由耳傳得獲教授，龍欽巴尊者這裡也說此論是自心對自心而說的，其實這些都是為了增長我們的智慧而說的。佛云：「輪迴如針尖，絕無絲毫樂。」我們在輪迴當中，雖然在輪迴的善趣中有時看起來是安樂的，但是在那裡也大多在造苦因，造善因者很稀少。不論是從「無常」「無真實存在」和「痛苦」等各方面來看，都令人心生厭倦，讓人有想要從中脫離而出的想法。

論中指出應當待在寂靜森林之中，也提及平息一切痛苦的口訣，這是自心對自心而說。既然身為佛教徒，便都是希求佛果，但是應當要檢視自心，自己是否知曉成佛之道？如果知曉，是否有在修行？如果答案是否定的，那麼這部論就有其必要了，「以心對心道出此私信」一句應可視為「著作承諾」，此論其實是為了利益一切有情而宣說的。以上是屬於「初善」的部分。

ཚེ་འདི་མི་རྟག་མྱུར་དུ་འཇིག་འགྱུར་ཞིང་།།

此生無常迅速即壞滅，

གཅེས་པར་གསོས་པའི་ལུས་ཀྱང་བཞག་ནས་ནི།།

珍惜長養之身也當捨，

ཆ་མེད་ཡུལ་དུ་གཅིག་པུར་འགྲོ་དགོས་པས།།

獨自尚須前去無定地，

འདི་དོན་མཐོང་ནས་ད་ནི་ནགས་སུ་འགྲོ།

觀見此義即往森林去。

這一個偈頌談的是無常。在這世間當中，沒有任何有情是不會死去的，不過是壽命長短的差別而已。人們的壽命大多並非太長，也並非太短，會有一定程度的壽命。然而，我們無法確切知道死亡的時間，而造成死亡的因緣亦不確定。事實上，壽命每分每秒都在流逝。從出生到青春時期，身體是變得強壯沒錯，而壽命是越來越短。在那之後，不但壽命減少，身體狀態也會下滑，這是眾所周知的一般實況。

特別是我們在這身體之上有個「我」的執著，我們追求的利益主要就是為了自己珍愛的身體，為了身體而去經營財富。就連如此珍愛的身體，也必須拋棄而離去。幸運的話，可能愉悅地走在通往極樂世界的路上，要不就是獨自長久漂泊在中陰裡，又也許會投生到惡道之中。總而言之，必定是要離去的，此乃無法避免。既然非走不可，就應當開始從事未來得以安樂之事，如果現在不做，將會越來越糟，不順之事接二連三，最後什麼也沒得到。

不論接不接受佛法，會思考的人都知道沒有人可以避免死亡，死亡來臨之迅速以及死亡因緣之不可確定性，乃是普遍一致的事實，並非難以理解。既然如此，內道佛教徒在觀見這個道理之後，應當前往森林。然而，如果只在森林待著是完全沒有意義的，應當是以聞、思妥善斬斷疑惑增益，生起想要實修的想法，而下定決心前往森林修行。

གང་གིས་གཡེངས་ན་ཐར་པའི་ལམ་སྤོར་ཞིང་།།

因彼散亂而捨解脫道，

འཁོར་བའི་སྡུག་བསྔལ་འཕེལ་བའི་རྒྱུ་གཅིག་པུ།།

增長輪迴痛苦唯一因，

རྣམ་པར་རྟོག་པའི་རིམས་ནད་འདི་མཐོང་ནས།།

見此分別妄念之疾疫，

སྐྱེ་མེད་ཞི་བའི་ནགས་འདབས་བསྟེན་དུ་འགྲོ།

即往無生寂靜森林去。

這一個偈頌談的是斷除散亂。過去我們說過，真正究竟的善行乃是好好了解心的實修。如果不了解在心上實修，而是以身、語方面的工作、課誦為主的話，也會是一種散亂。但是各位應該要好好理解箇中道理，儘管未能了解心的實修，身、語之善行也是相當強大，並非是不好的。所謂的身、語善行乃是了悟究竟實相及淨化蓋障的方便，它們本身並非是究竟的。

例如我們真正需要的是黃金，為了找到黃金，會用盡任何方法，在尋得黃金之後，就不再需要那些方法了。所以，從這個角度會說身、語之善行乃是散亂，至於惡業或是中庸之事，當然也是散亂。而善行有大小之分，如果相續中具備了最珍貴的善，自然不會再側重於珍貴性最小者，就像是如果已經具足大乘的條件與緣分，再去趣入小乘就沒有意義了。而在一個完全沒有趣入大乘順緣的國度，進入小乘乃有其殊勝之處。

如果因世間事而散亂，不論是好事還是壞事，都會導致捨棄解脫道，這些乃是實修上的障礙，並且是致使輪迴痛苦增加的因。例如一個國家的元首為了造福自己的國家而做了許多事，就完全不會投入佛法了，所作所為盡是世間瑣事，而這些除了是增加輪迴痛苦和妄念的因之外，什麼也不是了。如此這般的妄念，就有如傳染病一樣，看到此情此狀，應當前往無生寂靜之森林棲止。雖然全知龍欽巴尊者說他這些話是對自己說的，但我們應當將之視為是他對我們所說的言教，當在了悟無生之理後，前往無人森林。

འདུ་འཛིའི་གྲོང་ཁྱེར་འདོད་པའི་མེ་འོབས་ཅན།།

喧囂城鎮貪欲之火坑，

སྲིད་པའི་རིམས་ནད་དྲག་པོས་རབ་གཟིར་ནས།།

猛烈輪迴疾疫極煎熬，

སླར་ཡང་སྲིད་པའི་གཙང་རོང་འཁྱམས་གྱུར་པ།།

一再漂泊輪迴深淵中，

འདི་དོན་མཐོང་ནས་ད་ནི་ནགས་སུ་འགྲོ།

觀見此義即往森林去。

所謂的「喧囂」指的是一切世間瑣事，「城鎮」指的是因散亂導致沒有如理實修正法的時機，「貪欲之火坑」指的是無法滿足的貪欲乃是痛苦的根本。如果所作所為盡是世間輪迴瑣事，將成未來感受苦果之因，是故應當勤於斷除「貪欲火坑」與「猛烈輪迴疾疫」之方便，因為直到目前為止，我們所做的都會導致它們發生。

既然我們相信業因果，自然能夠看到這個道理，看到這個道理之後，就應前往森林或寂靜處，如理造下能夠利益自他的因，避免此後漂泊於輪迴之中。否則處於一片散亂中，所謂「一切有情」變成只是嘴巴說說，利他先不用說了，就連成辦自利也很渺茫。

སྲིད་པའི་སེམས་ཅན་ཉོན་མོངས་ཀྱིས་གཙེས་པ།།

輪迴有情遭煩惱壓迫，

གཟུང་འཛིན་འཇིགས་ཆེན་འཆིང་བས་བཅིངས་པ་ཀུན།།

能所大怖繫縛一切眾，

ཕ་མར་མ་གྱུར་མེད་པས་དེ་ཡི་ཕྱིར།།

無有一人未作父母故，

འགྲོ་སྒྲོལ་སླད་དུ་ངེས་པར་ནགས་སུ་འགྲོ།

為度眾生必往森林去。

這一個偈頌說明為了利益有情而發心修持正法的原因。六道輪迴有情無法超越痛苦的本性，一般來說，地獄的有情有寒熱之苦，只是痛苦大小有別而已；餓鬼有飢渴之苦；畜牲有愚蒙之苦，而且互相獵食，大吃小，小吃大；人類一般有生、老、病、死之苦，尚有所求不得之苦、不欲之事發生之苦，無法超越痛苦；阿修羅大多因嫉妒而生為阿修羅；天界則有死亡、遷轉、墮落之苦，無法超越且尚有很多種痛苦。是故一切有情之中，沒有不受痛苦壓迫而煎熬者，而這個情形的根本原因是什麼呢？這是因為將不存在的外境與內心二者，增益為有，「能」「所」之間的距離被拉遠，受到世間事所束縛，無法脫離。

一切被繫縛的有情，沒有未曾做過我們父母的。以佛言來說，在多生多劫當中，我們換得身體的次數相當多，依據我們所造的善惡業，有時得到長壽的身體，有時是短壽的身體。看到這樣的敘述，我們應該會取得一定的信解。現今許多有神通或是能憶起前世的人，能夠看到有情曾經做過我們的父母。透過以上這些論述，我們應會對「一切有情當中，沒有未曾做過我們父母」這一點產生定解。

既然如此，如果我們沒有造令自己在輪迴中束縛、投生惡道的惡業，而是自己單獨得到解脫，這也沒有助益。以一個家庭來說，最理想的情形是家中的父母和所有人都過得安樂，如果只是其中一個人過得很好，其他人都過得很差，那麼那個人怎麼還能快樂地待著呢？我們會說：「有樂共享，有難同當，我們是同一個家庭的家人！」是故我們應該看看能否成辦一切有情的利益，而不應捨棄他們。如此一來，便會有想要救度眾生的想法，而為了達到目的，必須前往森林。當然這並非只是要大家跑到森林而已，而是為了利益一切有情，如理實修成就佛菩薩的果位。如果能夠成佛，自然能夠利益到有情。要得到佛果或是菩薩果位，首先要如理聞思正法，再來是要實修，因為如果不修行，是絕對不會得到成果的，這是我們要了解的內涵。

འདི་ལྟར་ཕྱི་རོལ་ཡུལ་ལ་བར་བལྟས་པས།།

如是放眼望向外在境，

གང་ཡང་མི་རྟག་ནམ་ཡང་ཡིད་བརྟན་མེད།།

皆是無常絕無可信賴，

སྟོན་ཀའི་སྤྲིན་ལྟར་གཡོ་བ་མཐོང་ནས་ནི།།

見彼有如秋雲一般後，

ཞི་བའི་ནགས་སུ་སྙིང་ནས་ငེས་པར་འགྲོ།

必當衷心前往寂靜林。

這個偈頌談的是無常。一切外在顯現的境乃是無常的本性，每個剎那都在轉變，沒有任何事物令人感到信賴。我們並沒有理解土、石、山、岩乃生滅之本性，事實上它們都是在改變當中的。以秋天的雲為喻，秋雲忽現忽逝、忽隱忽現，如此變動而不穩固，是迅速生滅的本性，是故世上沒有可以信賴的事物。這是提到世間瑣事的實情，若要修持「出世間」之道，應當棲止於寧靜森林或寂靜山林，如理修持正法，應如是下定決心。

གནའ་དུས་བཟང་པོའི་ཉི་མ་ནུབ་གྱུར་ཅིང་།།

往日賢良太陽已西落，

དེང་སང་སྐྱེ་བོ་ངན་པའི་ཟླ་ཤར་བས།།

如今惡劣眾生月又升，

སྡིག་སྤྱོད་བདུད་སྡེའི་མུན་པས་ཕྱོགས་རྣམས་ཁྱབ།།

惡行魔類晦暗遍諸方，

འདི་དོན་མཐོང་ནས་ད་ནི་ནགས་སུ་འགྲོ།

觀見此義即往森林去。

這個偈頌以觀見世間惡劣行事來策發出離心，並提及實修及實修的處所。其他偈頌有帶到無常或是菩提心，不過真正的基礎是在這裡：生起出離心。然而僅只有出離心也不夠，必須付諸實修。僅僅擁有想要實修的想法並不夠，必須在寂靜山林獨自實修，方能如理得到成果，如果不如理修持，則將無法利益到有情。

往昔的好時光，環境的能量較為強大，人們壽命不會太短，從事的工作也不多，應有許多像這樣的特色。以我個人記憶所及來說，在我的家鄉裡面，從我小時候到長大，乃至一直到現在，人們的改變是很驚人的。人們的賢良行為的確在消失中，而所有惡劣行事則在流行。所以全知龍欽巴尊者肯定有發現到，往昔的人們可以信賴，胡亂行事而難以令人信賴的人是少數的。如今胡亂行事者好像是占了多數，而不說謊話、令人信任，且不論在世間層面還是佛法層面都實實在在的人，大概是極少數了。從穿著風格、飲食方式、行事模式、修行風範來看，所有層面的改變都相當驚人。

以我的家鄉來說，有了一些以往沒有的車子、衣服等等事物，這些東西帶來了便利，看似有所進步，然而實際上人們的行為都日趨下流，不論是佛法還是世間層面好像都是如此。跟如同日光的往昔賢良時代相較之下，現在人們惡劣的行為僅似月光一般。所謂的「惡行」是指強烈造下各種惡業，以前在全知龍欽巴尊者的時代已是如此，他從來到人間到現在應該有六百年了，當時就已經是如此，又說不定他是在敘述未來的情況，畢竟他已遍

時就已經是如此，又說不定他是在敘述未來的情況，畢竟他已遍知一切，這說不定是他的預言。而現今的情況，雖然我懂得不多，但大致上是看到這樣的情形。以我的家鄉來說，惡劣行為是日益增加，而善法方面就不怎麼樣了。

這裡還提到「魔類」，所謂的「魔」指的是製造很大傷害者。一般來說，一切在修行正法、成辦菩提過程中製造障礙者便是魔，在這之中，世上那些具有強大力量，已做、正在做，乃至準備要做、教唆他人（做危害之事）者全都是魔。從這個角度來思考，以前在打架的時候，用戟、刀、弓箭來打鬥，如果有十幾二十個人參與其中，就算是很龐大了。之後規模越變越大，現在甚至有把整個國家都消滅掉的惡劣行徑，這應該也是魔事，應該是魔的邪願所導致的，以前是沒有這種事情的。

如此這般的事情周遍四處，看到此情此狀，就會想說：「世上無有可待之處。」一般來說，世間景象是如幻如夢，在這之上又有惡行橫流，所以在世間從事瑣事實在沒有意義，在看到這個道理後，應當前往森林如理實修正法，扭轉在意世間事的心思、生起出離心。

སྐྱེ་བོ་རྣམས་ཀྱང་ཤིན་ཏུ་བསྟེན་དཀའ་སྟེ། །

就連人們亦極難仰賴，

ལེགས་ན་མི་འཛིན་ཉེས་ན་རྒྱུན་དུ་འཛིན། །

好則不計反之卻常計，

ཅུང་ཟད་ཙམ་ལ་འང་རྣམ་འགྱུར་སྣ་ཚོགས་འབྱིན། །

雖僅片刻便露眾姿態，

ཇི་ལྟར་བྱས་ཀྱང་མགུ་བར་མི་འགྱུར་གྱི།

無論如何作為亦不喜，

ད་ནི་མི་སྡོད་ནགས་ཀྱི་ནང་དུ་འགྲོ།

莫待此處當往森林去。

當今惡劣時代的人們難以信任，怎麼說呢？他們無法分辨好壞，我們做了好事，他們不會說那是好事，我們做得不好，則會一直記住。如果幫助他們，他們不會感到歡喜，反而毫無理由地傷害我們，有很多這樣的情形，他們的行事沒有業因果可言，極難讓人信任。在佛法或是世間事，不論對他們如何付出，大部分的人並不會高興，當然我們無法說百分之百的人都是如此。所以從事世間事毫無意義，應當為了修持清淨正法而前往森林或寂靜處。這個偈頌應該也是說明世間瑣事沒有意義，以此策勵我們生起出離心。

རང་གི་སེམས་ཀྱིས་རང་སེམས་མ་ཟིན་ན།།

倘若自心不能持自心，

གཞན་གྱིས་སེམས་འཛིན་ཁ་ལོ་མི་བསྒྱུར་གྱི།

他人執持己心難調御，

རང་གི་སེམས་ལ་གྲོས་ཆེན་གདབ་པའི་ཕྱིར།།

為與自心深談交流故，

མི་སྡོད་ནགས་ཀྱི་ནང་དུ་ངེས་པར་འགྲོ།

莫待此處必往林中去。

談到「心」，還是要用在自己身上。自己應以正念、正知審慎地觀察自心，若發現正在造惡，則應斷除，若是在行善，則該感到歡喜。往昔所有的噶當派格西們，每當生起一個善念，就會把一個白石子放在前面的桌上；每當生起不善的念頭時，就把一個黑石頭放在桌上。如此這般應用正念與正知來觀察自心，剛開始的時候桌上全是黑石頭，到了一個階段，開始看到白石子，又過了一陣子，黑的越來越少，而白的越來越多，到最後好像就只剩下白石子了。

我們都想往好的方向走，並沒有想往壞的方向去，只是由於受到煩惱的控制，每個念頭跑去哪裡了都不知道，業都造完了，而自己仍毫無正知與正念。五妙欲等外境因緣很善於牽引我們，而我們的念頭則像是沒有什麼主見的人一樣，這邊喊一聲，我們就往這邊走，那邊喚一聲，我們又往那頭去，就這樣輕易就被影響。所以我們應該應用正知與正念，審慎行事，控持自心。

至於他人的心，要持續去控制是很困難的。要叫他人往上面走，講了也沒人明白，就算有人明白，也是東扯西扯，沒能百分之百了解我們所說的。而如果自己平時就依著正知、正念來控管自己的心，就能將心帶往好的方向。在城鎮和人群之中要控馭自心是有困難的，為了要將心安置在純正解脫道上，則必須前往森林或寂靜山林中好好修持佛法。如果自己有在實修，而且所作所為與來生利益相符，那麼會認為自己已經有做到了、自己已經可以了，但事實上我們尚未如此做到，對吧？

བྱིས་དང་འགྲོགས་ན་དགེ་བ་འགྲིབ་འགྱུར་ཞིང་།།
若與稚童為伴衰損善，

མི་དགེ་བ་ཞིག་ཅེས་ཀྱང་ངེས་པར་འབྱུང་།།
必定產生所謂不善行，

བདག་ནི་དགེ་བ་འབའ་ཞིག་སྤྱོད་པའི་ཕྱིར།།
我為全心只做善行故，

དེ་རིང་ཉིད་ནས་ངེས་པར་ནགས་སུ་འགྲོ།
就在今日必往森林去。

「稚童」在此指的是凡夫。若與凡夫為伴，行事跟凡夫相順，原有的善行和課誦將會逐漸衰退，由於沒有實修的時間，修行也會日漸衰退或是消失。不僅如此，不善行還必定會出現，既然都跟凡夫混在一起，而凡夫從事的又都是不善行，也許有些事是非善非惡的，但大多應該都是來生會投生到惡趣的因。或許我們會覺得他們做的事看起來沒有很糟，但是我們並不了解他們內心的情形。雖然他們現在手上沒拿著刀劍殺害有情，但是若從他們的欲念等各方面詳加檢視的話，會發現所做大概都是將經歷痛苦的因——不善。

我們應該把以上的內容套用在自己身上，其實我們都造了很多惡，都沒有行善，惡行越來越多，而善行越來越少，這是我們應該要認識到的。不要看到「我為全心只做善行故」一句就覺得那是全知龍欽巴尊者在講他自己而已，事實上竅訣法門就應該是套在自己身上來看。如此一來就會認識到：「我如果待在城鎮與凡夫為伍，以前所做的善行將會衰退，課誦都不去唸了，實修打坐也不做了，不善行越來越多，事情也越來越多，而這些事可不是善事，而是持續在做不善，這主要是由欲念導致的。為了如理行善、斷除不善，我要從今日起前往森林。」應當如此下定決心前往寂靜山林。待在塵世之中，世間瑣事沒有完結的一天，而壽命又像日落一樣日漸耗盡，離死亡越來越近，來日死亡之際，會發現自己一無所有，是故必須要修行佛法。我們應當如此應用在自己身上來做思考。

དེང་སང་སྐྱེ་བོ་རྣམས་དང་འགྲོགས་པ་ན།།

當今若與人們相伴隨，

ཡུད་ཙམ་ཉིད་ལ་བཤེས་སུ་འཛིན་བྱེད་ཅིང་།།

片刻之間便視為親友，

སྐད་ཅིག་ཙམ་གྱིས་དགྲ་བཞིན་ཟུངས་མི་ཐུབ།།

轉瞬之間又成敵人故，

ངེས་ན་མི་སྡོད་ནགས་ཀྱི་ནང་དུ་འགྲོ།

莫待此處當往林中去。

這個偈頌應該是在講現今人們的性格，惡劣時代人們多變、無法信任，令人感到厭倦。從世間的角度尚且如此，即便是在佛法上建立關係也多有這樣的情形。例如人們在片刻之間把講經說法者視為善知識，將他奉為上師。而世間的層面則會片刻之間視人如親友，但要長久維持是很困難的，能夠維持下去的並不多。從世間的層面來看，我們有看過上半生互相幫忙、相處融洽者，到了下半生卻變成要取對方性命的情形，對吧？這不是指那種失手殺人的情形，而是因為發怒便有置對方於死地的想法。在佛法上，以前成為師徒，對上師抱持虔誠、清淨觀並且求法，結果在世間事上面有些問題，就產生邪見乃至謾罵。我沒說百分之百有這種狀況，不過在世間與佛法兩個層面都有出現這樣的事。

家庭裡面夫妻也是如此，某段期間非常和睦，到了難分難捨的程度，過幾天又發脾氣而各走各的。總之，這些狀況都包括在此偈之中，當我們看到世間瑣事是如此糟糕，就不會想要涉入其中，涉入其中終究難達究竟，我們應藉此生起出離心，在空曠之處實修佛法是比較好的，在世間和佛法上去建立關係，任憑如何攪和也沒有成果。

以寺院的寺主或是上師來說也是如此，要維持寺院也有困難，例如要看管寺院裡的僧人有沒有爭吵衝突？他們有沒有喜歡或討厭對方？寺院共同的財產如今狀況好不好？有沒有什麼人在狡詐圖謀？此外，師徒之間有時有很大的矛盾，有很多這類的情形對吧？現今有許多這樣的事情，求了灌頂也不當一回事呀！敦珠法王吉徹耶謝多傑曾經說過：「首先自己應當檢視（上師），自己有這份自由。一旦求法之後，這份權利就已經交到上師的手上了。就算只是求得一個四句偈的法，也已喪失這份權利了。如果不如此做，自己只有往地獄去的份了。」確實有這種情形發生，稍稍為了一些世間芝麻小事，就不顧正法上的大事，求了灌頂後卻做出很多違背上師的事情。如果是上師自己做了很多亂七八糟的事，那就不能怪弟子，因為畢竟還是凡夫。雖然應該要視師為佛，但在這種狀況要做到是有困難的，因為凡夫就是這樣，看到順眼就喜歡，看到不順眼的就不喜歡了。總之，師徒之間發生大矛盾，結果就是往地獄去。

在世間上，也有看到很多「以怨報德」的事情，這還不用提到上下半生的差別，幾年之間很和睦，過幾年就變敵人；幾個月裡面很和睦，過幾個月又變成敵人。既然世間和佛法上都是如此情形，相處起來要看臉色，又要看相處得舒不舒服，還不如自己前去寂靜山林修持正法。

ཀྱེ་མ་དེང་སང་ཐུབ་པའི་བསྟན་པ་ཡང་།།
嗚呼當今牟尼之聖教，

ནུབ་རིའི་རྩེ་མོར་ནུབ་ལ་ཉེ་བར་གྱུར།།
亦近殞落西山頂之際，

འདི་ཉིད་ནུབ་ན་དམ་ཆོས་སེང་གེའི་སྒྲ།
一旦殞落正法獅吼聲，

ཕྱིན་ཆད་འབྱུང་བ་མེད་ཀྱི་ནགས་སུ་འགྲོ།
從此滅絕故當去森林。

顯、密之佛陀聖教真的是很了不起，並不是我個人覺得了不起而已，如果能夠進入一切顯密教法之中，將可在此生得到成就之果，臨終將有成佛之相，像是化為虹光、法體縮小、不捨身體而直往空行剎土等等，確實有如此這般不可思議的成果。

如果把佛陀教法喻為太陽，這個太陽已經接近西山的山頂，現在的狀況大概就是如此。如果去看看過去上師們、成就者們和博學者講過的歷史，像是每個法脈傳承的歷史、實修佛法的方式、實修之後得到成果之理趣，相形之下，今日大家所做的只不過表面做個樣子而已，我自己就不用說了，朝他人放眼望過去，我看也是挺難的，當然啦，這也可能是我自己的不清淨觀所致吧！

所謂「正法」當中的「正」是「無上」的意思；而「法」是從導致痛苦的低劣之道、欺誑之道修正過來，引導到真實一切遍智與解脫之道者。在一切野獸發出的聲音當中，最大的乃是獅吼聲，獅吼聲可以威震一切野獸。世上雖然有種種法門，而正法可以比喻為獅吼之聲。正法已近衰沒，一旦殞落，從此要再出現是很困難的。有所謂的「明劫」與「暗劫」，「暗劫」比較多，「明劫」乃是有佛教傳揚的時期，只有偶爾才出現一次而已。值遇「明劫」是很困難的，如今既已值遇，就應該前往寂靜處，看看自己能否得到修行的成果。

ལེགས་པར་བཤད་ན་དོན་དུ་གཉེར་བ་མེད།།

善加宣說則乏人問津，

ཉེས་པར་བཤད་ན་དམ་པའི་ཆོས་དང་འགལ།།

惡質而說又違背正法，

རྒྱལ་བས་སེམས་ཅན་མགུ་བྱ་མ་གཏོགས་པ།།

佛說唯令有情生歡喜，

ཐབས་གཞན་མེད་ཅེས་གསུངས་པ་དེ་བཟུང་ནས།།

除此之外無其他方便。

ཆོས་ལམ་བཤད་ན་ཀུན་གྱིས་དགྲ་བཞིན་བརྟས།།

若說法道則被視為敵，

ཅི་སྙེ་ཆོས་མིན་བཤད་ན་དེང་སང་དུས།།

於是當今皆講說非法，

སེམས་ཅན་མགུ་ཡང་ངན་སོང་རྒྱུར་འགྱུར་བས།།

有情雖喜卻成惡道因。

ཇི་ལྟར་བཤད་པ་བདག་གིས་མ་འཚལ་བས།།

如何是好吾人不得解，

དེ་དོན་མཐོང་ནས་སེམས་ཅན་དོན་སྒྲུབ་ཕྱིར།།

觀見此義為成有情利，

མི་སྡོད་མི་སྡོད་ད་ནི་ནགས་སུ་འགྲོ།

莫待莫待即刻去森林。

不論是在世間或是佛法方面如何善加宣說，想要策勵對方，例如詳細解釋取捨的內涵，現今去聽這些內容的人很稀少。正直地去向對方講說卻沒人想聽，以世間方面來說，從事狡詐工作的人不會想去聽正直的話；而在佛法方面，取捨的內容要做到也有困難，如果跟他們說「做什麼都可以」的話，大家反而喜歡。

在講說佛法時，如果不講與佛法相符的內容而講說與對方行事和思想相契之事，則違背了佛法，以傳法來行狡詐之實也是違背佛法。釋迦牟尼佛在三轉法輪乃至四五轉法輪中講述的正法內容，乃是令有情歡喜，但是並不是指暫時的歡喜，而是為了令他們究竟得到解脫與一切遍智的永恆安樂而說。不論他們有沒有這樣的欲求，我們在心裡都該把持佛旨以利益有情，除此別無其他方便。然而在講說必須知所取捨或是如理講述佛法內容時，確實會被當作敵人看待。以聽者來說，雖然照著做是有困難的，儘管自己沒有能力達成，也仍應憶念皈依。然而有些人聽到這些內容就不舒服，甚至會加以批評。

如果是為了只讓有情開心而去講說不符佛法之事，則成為除了投生惡道以外別無其他之因。當今的時代，如理講說佛道沒人想聽，反而把你當成敵人；如果講說不符佛法之事，去講些跟聽者相契的那些亂七八糟的事，則僅是惡道之因，所以究竟該如何是好，實在令人不知所措。觀見如此道理後，為了能夠在未來利益無量無邊有情而發心發願。最後一句「莫待莫待即刻去森林」裡有連續兩個「莫待」，表示歡喜做出絕對的決心：「決定要前往森林實修佛法，因為到目前為止的修持佛法完全不成功。」這是龍欽巴尊者內心難過厭倦之下所寫的，而我們卻是一點也不難過，其實現在應該是令人感到難過的時代了。[1]

* 本書註釋皆為編譯註

1 仁波切針對本論進行四天的開示，首日的開示在此結束。

དུལ་བའི་ལུས་མཛེས་བསླབ་གསུམ་འདབ་གཤོག་ཅན།།

三學羽翅調柔美妙身，

ཐོས་བསམ་པདྨོའི་མཚོར་འཇུག་སྐྱེས་བྱ་ཡང་།།

雖然趣入聞思蓮花池，

ནོར་མེད་ཚེ་ན་ཀུན་གྱིས་བརྙས་ཤིང་འདོར།།

無錢財時大眾輕侮棄，

ཆོས་མིན་སྡིག་སྤྱོད་འབྱོར་རྣམས་ལྷ་བཞིན་བཀུར།།

非法惡行富者敬如神，

དམ་པ་བས་ཀྱང་བླུན་པོ་བྲིན་པའི་དུས།།

愚人較諸聖者受歡迎，

དེང་སང་དུས་འདི་མཐོང་ནས་ནགས་སུ་འགྲོ།

見此時代當往森林去。

不論從哪個層面來看，世間瑣事都無法令人信賴。一般來說，器世間是生滅的自性，特別是有情的高尚行為衰微，而下流的行徑正在流傳，眾人在從事各式各樣與佛法不符之事。如果是個佛法的修行人，會在這樣的情況下對所有世間事生起前所未有的出離心；如果不是位修行人，則會沉淪在非佛法的事情裡，現在造著苦因——惡業，而未來將會感得苦果。

在這個段落，首句裡的「調柔」指的是寂靜而調柔，有道是：「聽聞之相乃寂靜調柔；修持之相乃煩惱調伏。」「調柔」也可以指別解脫出家戒兩百五十三條未遭過失所染。如果做到這個，這個「調柔美妙身」就不需要任何裝飾。世間人會用珍寶、虎皮、豹皮、各式衣裳把身體弄得漂漂亮亮。而出家的修行人乃是以調柔作為身體美妙的裝飾。在這之上，還有「三學妙翅」，三學是經、律、論三藏裡所談的戒、定、慧三學，具備三學的功德，有如具備可以飛天的翅膀一般。

透過聞、思斷除增益，於歡喜、虔信、恭敬進入正法功德的蓮花池，有如天鵝入蓮池。雖然具有功德，倘若沒有錢財，則不受人敬重，反遭輕視、侮蔑，不被視作善知識或修行人。若是從事不符佛法的各種事情而具備錢財的話，反而被敬如天神，其實應該依止的是前者，例如具備功德的善知識，然而卻是顛倒的情形，把不具功德的富人、名人捧成天神。

在濁惡的時代，從事各種狡詐事情的愚人，比如法的聖者還要更受歡迎。如此惡劣時代已至，好壞已然顛倒，一般來說，三界輪迴的本質乃是痛苦，而往昔的高尚行持已衰，當代又惡行橫行，難以待在世間裡，還不如前往寂靜森林修持正法。

我們應該如此思惟，想想行為惡劣的人，想想究竟時代是不是已經敗壞了。全知龍欽巴尊者是五六百年前的上師，我是不清楚當時是否已是惡劣時代了，畢竟當時有許許多多不可思議的勝士夫。以全知龍欽巴尊者來說，他主持的每個法會都有十萬人在場，傳記當中有提到十萬人種下解脫種子的往事，所以當時真的是惡劣的時代嗎？我是持保留態度的，倒是他說的這些，誰知道是不是針對現代所做的預言呢？不管如何，佛教國家現在大致已演變為如此情況，我們應當思考這些內容，如果想成為一個純正的修行人，就要看看自己是如法還是不如法，如果沒有想當一個純正修行人，那做些亂七八糟的事就算了吧！

གང་ལ་བལྟས་ཀྱང་དངོས་པོའི་རྩོལ་བ་ལས། །

放眼望去皆勤於物質，

ཆོས་ལམ་སྒྲུབ་པ་ཉིན་མོའི་སྐར་མ་ཙམ། །

修持法道僅有如晨星，

འདི་དོན་མཐོང་ནས་དམ་ཆོས་སྒྲུབ་པའི་ཕྱིར། །

觀見此義為修正法故，

ད་ནི་མི་སྡོད་ནགས་ཀྱི་ནང་དུ་འགྲོ།

莫待此處即往林中去。

大致上這篇論著前半部是策發出離心，而後面是談修持正法。不能只是生起出離心、扭轉貪著，如果能夠好好理解像是《淨相》這樣的法門，在森林等任何沒有散亂的寂靜處一心實修，便是此處所指的不散亂。放眼望去，就算是修行人也大多汲汲營營於世間事，他們以為可以活得很久，在食、衣等等五妙欲的受用費盡心力，反觀修持純正法道者，卻似白天的星星一般。白天要看到星星是很難的對吧？一如文殊菩薩對薩迦派的至尊札巴堅贊所說的：「若貪今生則非修行人。」若對今生有所貪著，則難以被稱作佛法修行人，因為未能趣入解脫與一切遍智之道。

如理觀見如是道理，知曉此等均無實義之後，應當為了修持純正正法，不再待在此處而前往森林。這是打從心裡做出的承諾，正是我們所需要的，想要當一個純正修行人、想在此世得到解脫，就該如此做到，反之則無法達成。

གང་དུ་བསམས་ཀྱང་འདུ་འཛི་གཉེར་བ་ལས།།

心思所及皆圖求財富，

ཆོས་བཞིན་སྐྱོང་བ་བརྒྱ་ལམ་རེས་འགའ་ཙམ།།

保持如法行儀甚稀少，

ཆོས་བཞིན་སྤྱོད་ལ་བརྙས་ཤིང་ཁྱད་དུ་གསོད།།

如法行者遭欺侮蔑視，

དེས་ཀྱང་མི་སྡོད་ནགས་ཀྱི་ནང་དུ་འགྲོ།

是故莫待而往林中去。

惡劣時代的有情會做各式各樣的惡行，如果不一一道出的話，我們無法如理了解。那麼講這些內容有什麼幫助呢？我們過去雖然衷心喜歡佛法，但是身、口、意三門沒有辦法全心投入在修行中，這是為什麼呢？這是因為從無始以來，在自己的相續當中留下了惡劣的習氣，是因為積習而導致，就像是把紙捲起來後，紙慢慢又變平了。相對地，那些留有良善習氣者就當然能夠做得到，像是往昔有機緣值遇上師、有緣值遇適合的時代，自己再透過實修而得到解脫，有很多這樣的案例，但如今卻已少見，現在實在是少到令人吃驚，確實就僅如白天的星星一樣。

看看以前修行者們的歷程，再看看現在人們修行的方式，請問如果不好好修持的話，還會得到成果嗎？能夠顯現出得到成果之徵相者，少得令人震驚。講了這麼多，都是要策勵我們修行。如果有人一再嚴正地給我們忠告，到了某個時候我們就會聽從了，畢竟內心本來就是喜歡佛法的，所以會想說：「所言甚是！世間瑣事實在沒什麼好做的，除了佛法以外，其他都沒有意義。」從各種層面來看待後，就會有這樣的想法，讓出離心得以生起。

這樣的竅訣是令我們能夠修持純正佛法的條件，這就是點出我們隱藏性過失的竅訣，否則如果只是對時局發發牢騷，就一點幫助也沒有。我並不知道是不是我們所有人都有惡劣的習氣啦，應該不會啦，不過像我就是如此，有個修行人的形象，做的卻是不符佛法的事。我擁有上師的名號，從小儘管受到共產黨的威逼，也沒有對佛法產生邪見或是做過批判，但是講到修持純正佛法，那實在是距離太遙遠了，我有自知之明。我有隨身帶著法本在做課誦，不過，竅訣也只留在法本裡而已，並沒有用在實修上。總之，如果有想要如理實修佛法的話，這裡的內容就真的是一份真實的策勵。

這個偈頌裡說，經過慢慢思惟，會發現一般來說，世間一切瑣事都是幻象，在這裡面，在時代漸趨惡劣之下，人們追逐令人散亂的喧囂，而不追尋佛法。相比之下，保持如法行儀者非常稀少，這裡倒沒有說已經完全沒有這樣的人。不論是何等有名氣，不論是擁有祖古還是堪布、上師、博學者、成就者的頭銜，如果實際上沒有如法修持，就不合格了。相反地，人們卻鄙視如法修行的人。

像是在印度或尼泊爾的西藏人，有跟外國人建立關係，而外國人的經濟能力較強，所以跟外國人建立關係之後，他們的條件就變得比較好，好像沒有經濟條件就不被當作是個人一樣。當他們提到「修行人」的時候，好像是在指那些沒有才幹、很貧賤的人一樣，這是現在可以看到的狀況。而對於處心積慮把沒有的事說成有的、欺瞞外國人而獲取功德主、裝成一副很莊嚴的樣子，人們反而覺得：「哇！實在太能幹了！」所以全知龍欽巴尊者所說的真的是預言，這是我們現今耳聞、眼見的實況。西藏最近也變成如此，很看重有財富和飾品的人，倒是還沒有出現鄙視修行者的情形，但會把那些有錢人奉為上師，還會去奏樂恭迎，弄得漂漂亮亮的，而那些上師就會很開心，坐在高高法座上面還可以收錢。所以說，龍欽巴尊者所說的內容，說它是預言它就是預言，說它是竅訣它就是竅訣。

看到許許多多不如法的行徑後，還不如前往森林修持佛法。全知龍欽巴尊者本身就這樣做到了，他可沒有什麼房子還是什麼上師專屬的屋子，他待的地方是石窟！像是在不丹和衛藏地區都有他待過的石窟。人們到現在都可以指出：「他在這個石窟待了幾年。」「他在這個石窟寫下了《七寶藏論》。」「他在這個石窟閉關實修過。」這是人們會說的。沒人說過：「這是全知龍欽巴上師的專屬宅舍！」「這是他的房子！」「這是他的房間。」「這是他的佛堂。」「這是他的僧房。」完全沒人說過這些！

他自己有如此做到，他也鼓勵我們如此去做，如果我們自認是他的追隨者的話，就該如此奉行。

རང་གིས་རང་ལ་ནང་དུ་བལྟས་པས་ཀྱང་།།

自己朝向內在看自己，

ཉིན་མཚན་མི་སྡོད་ཚེ་འདི་མྱུར་དུ་འཛིག།

日夜不停此生迅壞滅，

ལེ་ལོས་དུས་ཀུན་དགེ་བའི་ཕྱོགས་བཅོམ་ཞིང་།།

懈怠恆時摧毀諸善法，

ཅུང་ཟད་ཙམ་ཡང་སེམས་འདི་མི་གནས་པའི།།

此心就連片刻亦不住，

དོན་འདི་མཐོང་ནས་ད་ནི་ནགས་སུ་འགྲོ།

觀見此義即往森林去。

這個偈頌也提到了無常。能反觀自身來做思考是很重要的，別人若是說你很好，則令我慢增長，別人若是說你的不是，則你除了生氣也沒別的了，畢竟會自己指出自己過失的人實在很稀少。但是若想要修持純正佛法，就要自己檢視自己：自己有沒有如法？有沒有按照佛法所說的去做？在世間和佛法兩者當中，比較著力於哪一個？如果是較看重佛法的話，有沒有走在純正的路上？修持佛法有各式各樣的方式，像是透過身、口、意三門，像是有大、小乘，像是有顯教和密宗，像是有外密續和內密續，像是有生起次第、圓滿次第和生圓無二等等，有如此眾多的方式。如果你喜歡佛法，那請問是與何者相符順？應當如此觀照，對自己而言，自己的心思並不是隱晦看不到的，自己看得到自心，這並不需要神通，也不需要授記。自己心裡冒出了什麼東西，自己是會知道的。全知龍欽巴尊者在此說他要自我檢視，其實是要我們檢視我們自己。

晝夜剎那也不止息，壽命很快會消逝，就像太陽漸漸遠落，而死主則像影子一樣越靠越近。一彈指之間，據說可分為六十個剎那，我們的壽命連一剎那也不稍作停留，一直持續消失中，有如向死亡的終點站踏步前進一樣。我們是對於年這種比較粗分的才有感受，跟剎那相比，月、日也是很粗，我們會覺得以年月來看，大致上壽命是有在減少的感覺。不過，其實有的人還一點感覺也沒有，每逢新年還在歡欣慶祝，歐美國家是如此，西藏人也是這樣，開心得不得了，又一年沒了，可是大家卻是很興奮，哈哈哈，這豈不是顛倒嗎？沒有去想說：「哎呀！一年又過去了，我應該要來修持佛法了。」

我們雖然喜歡佛法，可是卻想著：「我先來製造條件，等以後再來修。」懈怠大概就是這麼一回事吧，心裡有想說應該要去做，但是卻沒有去做，這就是懈怠，由於懈怠的緣故，善業就被摧毀殆盡了，沒能去行善。我們的心就連剎那之間也不安住，這裡可以指身、口、意三門的任何善行，或是特指心上的善，像是安住於實相中，能在這上面安住是很稀少的。觀見以上所提到的所有內容，心裡應當想：「我如果不前往森林修持純正佛法是絕對不行的。」

བསྟོད་ན་དགའ་ཞིང་སྨད་ན་མི་དགའ་སོགས། །

讚美則喜批評則不喜，

འཇིག་རྟེན་ཆོས་བརྒྱད་འདི་ལ་གཡེངས་པས་ན། །

散亂此等世間八法中，

ཆོས་བཞིན་སྤྱོད་ཀྱང་ཚེ་འདིའི་དབང་དུ་སོང་། །

如法行持卻淪此世利，

ད་ནི་མི་སྡོད་ནགས་ཀྱི་ནང་དུ་འགྲོ།

莫待此處當往林中去。

這裡談到了世間八法：受到讚美則喜，受到批評則不喜；安樂則喜，不安樂則不喜；得到名氣則喜，沒有名氣則不喜；得到財富等物則喜，沒得到則不喜。這些都是希望與疑懼，對於往好方向發展抱有希望，以及對於往壞方向走懷著疑懼，這就是世間人主要追求的東西，抱持很大的希望和疑懼。例如抱著很大希望，希望別人講些好話來稱讚自己；為了有名而想方設法；為了得到財富，也是去做各式各樣的事情；為了安樂就不用說了，當然是多方費心去爭取。我們都知道這些事的相反情形是什麼，我們會用盡方法來阻擋那些事發生，而我們的一生就在這些事情中耗盡。

總結來說，在尚未反轉世間八法之前，是不會有純正佛法那回事的，這八法是我們應當要反轉的，例如對於他人的讚美不抱希望，對於他人的批評不懷疑懼，這是我們該做到的，如果能做到就是個修行人了。要不然，儘管有好好修持佛法，結果心思又混雜了世間八法，那就有如摻了毒的食物一樣。這實在不容易做到，但這樣的修行人才是我們該獻上哈達的對象啦！如果沒有反轉世間八法，就算是有如法行持，就算是喜歡佛法，也將淪落於此世的瑣事之中，佛法的修持將有障礙，難以順利上路。所以應當捨棄世間八法，不抱希望，也不懷疑懼，前往森林中。若無法做到則仍會貪著於八法。

ཁ་སོང་ཕན་ཆད་དགའ་བདེ་སྤྱད་པ་ཡི།།

過往至今歡享之受用，

ལོངས་སྤྱོད་དེ་ཀུན་མདང་སུམ་རྨི་ལམ་བཞིན།།

一切皆如昨夜一場夢，

ཐེངས་འགའ་དྲན་པའི་ཡུལ་དུ་གྱུར་ན་ཡང་།།

只成回憶幾遍之對象，

སྙིང་པོ་མེད་པར་མཐོང་ནས་ནགས་སུ་འགྲོ།

見無實義當往森林去。

到目前為止所享的一切受用和安樂，皆有如昨夜的夢一般，徒留回憶，除了有時候會想到過去曾經做過之外，沒有任何助益。縱使現在位高權重，也不會長久擁有，得到權勢也毫無任何說得出來的特別之處。經過思考，會明白截至目前所享有的安樂和多年坐享的財富受用，如今回首一望都已了無痕跡，就像是昨晚的夢一樣，只能追憶，無從把持。其實痛苦也是如此，如果要將痛苦化為道用，也是可以如此思惟，這裡是沒有提到痛苦的部分就是了。

世間一切瑣事就算可以做到，今天有做到了，明天又還要做，昨天吃得很飽沒錯，可是今天不吃的話，又完全沒有幫助了；昨天衣服穿得很體面沒錯，可是今天如果什麼也不穿，那麼昨天穿的衣服也毫無幫助，就算今天有得穿，明天又還要再穿，明天穿了，後天又還要穿。如此這般，前面發生的事就像夢境一樣消失不見了。

當我們如此思考一切世間瑣事時，會發現一切徒留回憶，像是夢一樣，各式各樣的享樂，沒有一樣是不會消失不見的，沒有什麼幫助。所以應當了解世間瑣事沒有意義，不要一頭栽了進去，我們的人身有如海上的行船，是得以修持佛法的所依身，在獲得如此人身的此刻，應當前往寂靜山林等地，前往一個沒有修行違緣的地方實修純正佛法。

འདོད་པ་རྣམས་ནི་སྤྱོང་ཡང་ཚིམ་ཤེས་མེད།།

縱嚐諸欲也不感知足，

བདག་ཉིད་སྐྱེས་ནས་ད་ལྟའི་བར་དག་ཏུ།།

自己打從出生到現在，

བདེ་བར་སྤྱད་པ་ཅི་ཙམ་སྤྱོང་གྱུར་ཀྱང་།།

不論經歷多少歡樂事，

སླར་ཡང་མི་ཚིམ་འདོད་ལ་སེམས་ཆགས་པ།།

復不滿足心貪所求物，

འདི་འདྲས་ཚེ་འདིའི་བདེ་བ་མི་འགྲུབ་ནའང་།།

假使如是不成此世樂，

ཚེ་རབས་ཀུན་ཏུ་ཕན་པ་སྒྲུབ་འདོད་པའི།།

欲成利益世世之涅槃，

མྱ་ངན་འདས་པ་བདག་གིས་ཇི་ལྟར་ཐོབ།།

自己又當如何而得之？

ད་ནི་འདོད་པའི་ལམ་ཡང་ངེས་ཚོག་གི།

如今欲望道亦當知足，

སྙིང་ཁྱོད་དེ་རིང་ཉིད་ནས་ཆེར་གྱིས་ལ།།

心呀你從今起當自強，

འདོད་པ་སྤོངས་ལ་ནགས་ཀྱི་ནང་དུ་སོང་།།

斷除欲望而往林中去。

欲望所及之一切受用，包括作為眼境的美妙色體、作為耳境的悅耳聲音、作為身體對境的柔順觸感、作為鼻境的香氣、作為舌境的美味等等，完全不會令人感到滿足，昨天才享用的，今天又不行了，這就如同論典中所說的：「妙欲如鹽滷，雖享尤增盛。」

從出生到現在，在場各位當中，年紀較輕的大概有二三十歲，年紀較大的大概有五六十歲，至今不論經歷了什麼快樂，都沒有感到滿足，貪著反而變得更大。在這一生當中無法成辦安樂，就算有時安樂，也不會滿足，反而想要更多，所以說此生的安樂無法達成。我們大乘佛教徒追求的是永恆安樂，想要利益的不僅是自己，還有其他有情，嘴巴上是這麼說，實際上也有在做。如果此生的安樂都無法達成，我們又當如何成辦生生世世永恆的安樂——涅槃呢？此世的安樂無法成辦，而壽命則在耗減。我們應當對於所享受的妙欲感到滿足，我們這裡所要遮止的乃是平時貪求很多、很久的念頭，我們是要「不落二邊」，對於只求溫飽即可的修行人來說，如果欲念太多將導致障礙。

龍欽巴尊者在此向自心喊話：「心啊！你今天要好好思考呀！如果你想要成為一個修行人，那你就要明白你並沒有好好修持佛法。你是想要修持佛法的，但所作所為盡是世間事，這要如何成辦利益自他一切有情的永恆安樂呢？看看你在做的事吧！你要明白你其實都在做世間事呀！所以你應該斷除貪念，前往森林去！」應該要讓欲念暫停，前往森林，依著寂靜處好好修行佛法，那麼就會如巴楚仁波切所說的：「此世成佛亦無可懷疑。」在發起菩提心之下，不只可以自利，也將具備利他的能力。所以應當前往森林好好修行，如果亂七八糟行事，此世的事務將難以達成，佛法的事也無法成功。

ཇི་ལྟར་བསམས་ཀྱང་ཕན་པ་མི་གདའ་བས།།

無論如何思索皆無益，

རང་གི་སེམས་ལ་བལྟ་བ་གོམས་པའི་ཕྱིར།།

為了得以串習觀己心，

དེ་རིང་ཉིད་ནས་ནགས་ཀྱི་ནང་དག་ཏུ།།

從今天起便往森林去，

སེམས་ཁྱོད་གཏན་གྱི་བདེ་བ་སྒྲུབ་ཏུ་སོང་།།

心汝應當成辦恆常樂。

不論從什麼角度來思考，不論是思考因、果還是輪迴的善趣、惡趣，世間瑣事都毫無幫助。為了觀照自心而修持，從今天起應當前去森林或是寂靜處，透過日以繼夜的實修，將可以成辦永恆的安樂。這裡又是向自心喊話，我們的身、口、意三者之中，心為首要。內心應當有以上所提到的想法，而身、口二者則像是僕從，心若想著要去寂靜山林，身、口便會照著做，腳步自然會踏出去，身、口和腳不會說「不要，我才不要去。」所以需要改變的是心，身、口除非是突然有什麼疾病，不然也不會不照著心所想的去做，並不會製造障礙，因為心才是主人。所以這大概是為什麼龍欽巴尊者屢屢對心喊話，用意在於改變內心。

བདག་ནི་མལ་གྱི་ཐ་མ་དེར་འདུག་ནས། །
我將於此睡最後一眠，

ཐམས་ཅད་བོར་ནས་གཅིག་པུར་འགྲོ་དགོས་པ། །
必須拋下一切獨自去，

རིང་པོར་མི་ཐོགས་ངེས་པར་འབྱུང་འགྱུར་གྱི།
此乃不久之後必發生，

ད་ལྟ་ཉིད་དུ་ནགས་ཀྱི་ནང་དུ་སོང་།།
就在當下即往林中去。

自己在思考「我何時會死去」時，有天就會想，今天就是死亡之日了。到時候需要拋棄所有財富受用、親朋好友、情人伴侶，一人獨自而去。究竟何時會死呢？我們沒有神通，無從知曉，可是年紀如果已經蠻大了，那實在沒什麼好講，而對於年紀尚輕的人來說，導致死亡的因緣有其不確定性，根本不知道什麼時候會死。所以應想：「這必定會在不久的將來發生。」對於像我這樣五六十歲的人說，真的是不久將發生，但是有些人會覺得：「哪有！我還會活很久。」可是我們無法肯定自己不會在明後天就死去。以一般的情形來說，會長壽的人，也只剩下四分之一的時日了，這還是以最長壽的情形來算的。

死期難料，死緣無定，在經過這樣的思考之後，就會想：「哎呀，我也不知道自己能不能活得很久，現在卻還在做一些有的沒的。」如果沒有這樣思考，持續投入在世間事上，一點幫助也沒有。成天東跑西跑，然後有一天就死了，這樣死去的話，是一點幫助也沒有。應該暫停瑣事，就算只有幾天也好，好好發願，或是稍作閉關修行也是可以的。

就算沒有辦法做純正的佛法實修，也要留下良善的習氣，就算不了解實修的要點，也要有顆善良的心，從事完具前行、正行、結行的身、口、意三門善行，並且在行善最後好好發願。總之，透過如此思惟，現在應當前往森林裡，並不是像要躲避敵人一般，為了避免死亡而逃到森林裡頭，哈哈。

大部分的人應該都思考過以上那些內容，可是像我這樣的，在生病的時候都還覺得自己不會就這樣死去，生病之前也完全沒有在想什麼時候會死，病得很嚴重時也認為自己不會就這麼死掉。而對於在相續當中已經好好生起死亡無常的修行人來說，就會成為修持佛法的順緣。

以密勒日巴尊者為例，相續當中生起了死亡無常的念頭，他曾自己親口說，這正是他得以修持佛法的根本。他在年輕時造下很多罪惡，甚至運用佛法來向他人下咒術。現在的上師們有沒有這樣下咒的能力我是不知道，如果有的話，大家也會以為是上師的特點，根本不會把那視作罪惡。密勒日巴尊者透過咒術，大概造成三十個人亡命，還降下冰雹導致很多動物死亡。他在做了這些事後在心裡想：「我不知道自己何時會死，死時除了地獄以外沒有別的去處了，如果再不修持正法是不行的。」他如此這般全心思考死亡後，完全不辭艱辛，各位應該有從他的傳記看到瑪爾巴大師是如何在磨練他，他的傳記是世上有名的。

密勒日巴尊者曾說：「吾思死亡而往山中去，修持死時難料之理後，執持無死無二堅穩地，已然了卻死亡之恐懼。」他藉著思考死時難料之理而戮力實修，最終獲得無有死亡、生死無二的果位。既然已經得到了生死無二的果位，對於死亡便毫無恐懼，而我們則仍然受到生、老、病、死之苦的束縛，這是人類所經歷的四個主要的痛苦，並不是說沒有其他的痛苦了。總之，修持死亡無常乃是重中之重，而我們卻不當回事，病了覺得還好，不會有「我快要死了」的想法，這就是沒有修練的結果。如果有修練，根本不需要生病或痛楚就能知道死期難料，就連年輕人也無法確知死亡何時會來臨，這是我們能見證到的，並不是什麼無法了解的隱晦道理。這些偈頌的內涵是一樣的，密勒日巴尊者就是全心思考這樣的竅訣，為了修持佛法而前往寂靜山林，上半生歷盡艱辛，下半生得到了佛果。

དེང་སང་དུས་འདི་ཤིན་ཏུ་སྙིགས་པས་ན།།
現今時代極為濁劣故，

བདག་འདྲའི་བཤད་ཀྱང་གཞན་ལ་ཕན་པ་མེད།།
如我之屬講法無益他，

མ་འོངས་བསྐལ་པར་ཕན་པའི་སྨོན་ལམ་འདེབས།།
發願未來時代可利益，

དེས་ན་མི་སྡོད་ནགས་སུ་སྒོམ་དུ་འགྲོ།
是故莫待而去林中修。

如今是極為汙濁的年代，「極為」包含了先前提到的所有內容。在如此濁惡之時代，全知龍欽巴尊者自謙說像他這樣的人，這裡面肯定包括像我這樣的善知識了，要透過講說佛法來利益頑強的有情是很困難的。雖然現在暫時無法帶來利益，應當發願往後具足菩提心之時得以帶來利益。是故不應停留此地，而應為了修持而前往森林。修行首先要聽聞，第二是以思惟來斬斷增益，如果了解實修的方法，不需在意現在能否利益他人，也不需裝作自己什麼都會，應當發願為利有情而前往寂靜森林，精勤實修純正佛法。

རང་ལའང་མི་ཕན་གཞན་ལའང་མི་ཕན་པའི།།
無益於己亦無益於人，

དོན་འདི་ཐོང་ས་ལ་སེམས་ཁྱོད་དེ་རིང་ཉིད།།
觀見此理心汝從今起，

ངེས་པར་རང་ལ་ཕན་པ་སྒྲུབ་པའི་ཕྱིར།།
必定為能利益自身故，

ནགས་སུ་སེམས་ཉིད་དོན་ལ་སྒོམ་དུ་སོང་།།
前往森林修持心性義。

想要利益眾生、講經說法，也不知道別人會聽還是不會聽，也不知聽了以後是懂還是不懂，結果沒有對自他有所幫助，只是浪費時間而已。首先自己必須先得到利益有情的能力，在不具備利眾的能力之前，是無法成辦利他的。而為了達成自利、成辦利他，主要就是透過實修而生起證悟覺受、得到地道功德。等到得到聖道、成為菩薩後，就得以利益有情，然後逐漸增上，直至成佛。為了達到這個目標，應當前往森林修持，不修行則無法得入聖道、成就佛果。

ཕྱིས་ནས་གཞན་ཕན་འབྱུང་བའི་གནས་སྐབས་དུས། །

往後出現利他之時機，

རང་དོན་སྐད་ཅིག་ཙམ་ཡང་མི་སེམས་པས། །

剎那亦不思及自身利，

གཞན་དོན་དུང་ཕྱུར་མང་པོར་རབ་སྒྲུབ་པའི། །

善成百千萬億利他事，

སྨོན་ལམ་བཟང་པོ་སྙིང་ནས་ངེས་པར་འདེབས། །

必於心中發如是善願。

ད་ལྟ་སྙིང་ལ་སེམས་ཤིག་ཡོད་གྱུར་ན།།

現在心中若有如是心，

མ་སྡོད་ནགས་ཀྱི་ནང་དུ་སྒོམ་དུ་སོང་།།

莫待此處當往林中修。

在如今濁世當中，無法利益他人，而且自己又無實修，就應發下利益有情的善願，到森林修行。未來會有機會成辦自利，到那時候，由於自己已與菩提心結上緣，將有機會利益有情。在那個時候，剎那也不去思考自利，而是完全思考利他，當行百千萬億利眾之事，也可以說是「直至摧破輪迴之前」。好好發願，向三寶祈求：「祈求令我的願望都能實現！」既然入了大乘佛教之門，就應當發心利他，可是自利未成之下，就無法成辦利他，就好像如果有兩個人被河流沖走，而他們都不會游泳，就算想要把對方救起來，也不會有所助益，兩個人會雙雙被水沖走。如果其中有一個人會游泳，不只自己可以游上岸，還可以幫助另一個人。所以現在可以先發願，有道是：「萬般皆是緣，善住於心頭，何人發何願，將得如是果。」如果能夠待在寂靜山林、修行純正佛法、好好發願，所願將會實現。

བདག་ལས་དམན་པས་ཐོས་པར་མཛད་པ་དང་།།

為令不如我者行聽聞，

ལྷག་པར་སངས་རྒྱས་བསྟན་པ་འཛིན་པའི་ཕྱིར།།

尤其乃至執持佛聖教，

བསྟན་པའི་སྙིང་པོ་འཆད་ཉན་གཙོ་བོར་མཛོད།།

教法心要講聞為首要，

དེས་ནི་ཐུབ་པའི་བསྟན་པ་རྒྱས་པ་དང་།།

藉此牟尼聖教得廣弘，

རང་གི་སེམས་ལ་བློ་གྲོས་འཕེལ་བར་འགྱུར།།

自己心中聰智亦增長。

這裡提到了講說佛法的功德利益。比自己還要高一等的，自然不是講說佛法的對象，對象應是不如自己者，這樣講說才會有利益、才有需要講說，為了讓這些對象能夠聽聞顯密一切法要而講說。

聖教的心要是講說、聽聞二者，若有講、聞這二者，聖教將得廣弘，所以說這二者是令聖教住世之首要者。如果有如理講說佛法，依照大悲本師釋迦牟尼佛所說的來進行講說，而聽者又能聽聞且付諸實修，這將會使釋迦牟尼佛的聖教得以宏傳。除此之外，對於講說者本身來說，即使原本並沒有具備大智慧，若能以一片清淨心為了利益不如自己的人，也為了為聖教奉獻而盡力如理講說正法，則自己心中的聰智會增長，也會增進勇氣。

གང་ལ་བསམས་ཀྱང་མི་རྟག་སྙིང་པོ་མེད།།

思慮所及無常無實義，

འདུས་བྱས་དངོས་པོ་བཟང་ཡང་ངེས་པར་འཇིག།

有為事物雖良必毀壞，

འདི་དོན་མཐོང་ནས་འཇིག་མེད་སྙིང་པོའི་དོན།།

觀見此義當前往尋求，

བསླུ་མེད་སེམས་ཀྱི་དམ་པ་འཚོལ་དུ་འགྲོ།

無欺勝心無壞心要義。

不論是思考外器世間還是內情世間，抑或是五妙欲之相，一切有為法皆是無常，不僅只是無常，還毫無任何實義。為什麼說沒有實義呢？以人類來說，從過往的歷史中有看到坐擁權勢和財富、擁有很多眷屬和城堡的國王，這些有福報的人們，現在除了名字以外什麼也不剩。他們曾經擁有優良的物品，像是金、銀、各式珍寶、城堡，還有存放各種珠寶的寶庫等等，再怎麼優良的物品也肯定會壞滅，這一切的受用都是無常的本性。

什麼東西是不會壞滅的呢？世間事物是生滅的本性，而不會壞滅的乃是心的究竟實相，可稱之為如來藏，也可以稱之為具有三身體性的明覺，這是真正無欺誑的。不論稱之為勝義之心也好，還是稱之為心之實相，這是應當尋求的。首先以聞、思斬斷增益，了解如何修持之後，便前往依著寂靜山林，終生實修。

ཐུབ་པས་ཆོས་ཀྱི་ཕུང་པོ་ཇི་སྙེད་གསུངས།།

舉凡牟尼所說諸法藏，

དེ་ཀུན་དོན་ཡང་འདོད་པ་སྤོང་བ་དང་།།

旨趣皆為斷除貪欲念，

ཞི་བའི་དོན་ལ་མཉམ་པར་འཇོག་པ་ལས།།

安住入定寂靜義之中，

གཞན་ནི་གསུངས་པ་མེད་ཀྱི་སེམས་ཁྱོད་ཀྱིས། །

此外佛無宣說心兒汝，

འཆི་བ་སོམས་ལ་ངེས་པར་ནགས་སུ་སོང་། །

當思死亡必往森林去。

這個偈頌主要談的也是死亡無常。本師世尊宣說了八萬四千法門，祂所說的有什麼內涵呢？佛談到了修行佛法應該少欲知足，而密勒日巴尊者也說：「妙欲乃為魔擾亂。」噶當派的格西當然也不在話下。大悲本師佛在世時，身邊皆為出家眾，均以乞食維生，以草木或是岩石來建造房舍，身上所穿的大概是取用死人的衣服，稍加水洗，加工做成僧服，歷史有這樣記載。他們有修行佛法，卻沒有因飢餓而死亡的事情發生，沒有人因修行佛法而喪命。他們如理修持正法，完全沒有在妙欲當中散亂。此乃所謂：「少欲知足聖種性，無欲則成真聖者。」最殊勝的修行驗相即是少欲。

「入定寂靜義」指的應該是保任心之實相，佛所宣說的內容，除了少欲知足和安住在實相以外別無其他，他所說的顯密內容全部都可以包含在這兩者之中。應當要改變自心、思考死亡，一定要前往森林，不要只是嘴巴說說，而要衷心依著寂靜處來修行佛法，不應待在喧囂的城鎮裡。

ནགས་ནི་རྒྱལ་བ་རྣམས་ཀྱིས་ཀུན་ནས་བསྔགས། །
森林乃一切諸佛讚嘆，

འདོད་པ་ཆུང་ཞིང་ཆོག་ཤེས་ལྡན་པ་ཡི། །
亦令少欲知足之士夫，

སྐྱེ་བོ་རྣམས་ཀྱང་ནགས་སུ་གནས་པར་མཛོད། །
安住如此這般森林中，

ད་ལྟ་རྟོག་པ་མི་བརྟན་དུས་འདི་ན། །
如今念頭不堅之時代，

སེམས་ནི་ནང་དུ་འཇོག་པ་གཙོ་བོ་སྟེ།།

將心朝內安放乃首要，

དེ་ཡང་མང་པོའི་དབུས་སུ་ཡུལ་ལ་འགྲོ།།

眾多所緣之中散於境，

སྐད་ཅིག་ཙམ་ཡང་གནས་པ་མ་ལགས་ཤིང་།།

即使剎那亦不能安住，

ལེགས་པར་བསྲུངས་ཀྱང་ཉོན་མོངས་རྗེས་སུ་འབྲང་།།

雖善守護仍追隨煩惱，

དེས་ཀྱང་མ་སྡོད་ནགས་སུ་སྒོམ་དུ་འགྲོ།

是故莫待而去森林修。

講到具格的寂靜處，有些人喜愛森林，有些人喜歡大河的河岸，有些喜歡雪地，有些喜歡熱帶，有些喜歡有草原的山，有些人則喜歡空曠的地方，總之看個人喜歡什麼樣的寂靜處，這些都包含在「森林」一詞裡面。一切諸佛讚嘆寂靜處的功德，諸佛也是依著寂靜山林實修正法。若是個少欲知足的人，就應當待在寂靜山林，不是像我這樣遊蕩在外。在證悟、實修尚未穩固之前，儘管有些領會或是生起了一些定解，仍需令覺受穩固，需要得到把握，尚未有把握之前是沒有什麼幫助的。

為了讓證悟能夠堅固，要將心安置於內，平時具有正念、正知、謹慎，照見心之實相，就像《淨相》裡面所談到的，放下九種行持而修。在眾多所緣當中進行實修，心會跑到外境，妄念紛飛，跟在外境的後頭跑。在這樣的情形之下進行實修是有困難的，無法修得好，想要在剎那之中安住也有困難。儘管有正知、正念、謹慎，由於尚未得到把握，仍會跟隨著惡劣習氣而走，受到煩惱的控制。所以應當依靠寂靜處，否則由於環境條件使然，將令修持無法堅穩。為了讓證悟能夠堅固，不應待在此處，而應前往森林。

ཆོས་རྣམས་རང་བཞིན་གོ་ཡང་དྲན་པ་ཡི།།

雖然理解諸法之本性，

ཡུལ་དུ་ཤུས་ན་དེ་ལ་ཕན་པ་མེད།།

若淪正念之境無助益，

ཆོས་ཀྱི་རང་བཞིན་བློ་ལ་གོམས་པའི་ཕྱིར།།

為於心上串習法本性，

མི་སྡོད་ནགས་ཀྱི་ནང་དུ་འགྲོ་དགོས་སོ།།

莫待此處當往林中去。

雖然依著道理了解諸法的本性或實相，但是如果不了解如何實修，也不會有任何助益。諸法的本性應放在心上來修持，為了修持應當前往森林。無著賢菩薩在《佛子行三十七頌》裡面如此提到寂靜處的功德：「由斷惡境煩惱漸次減，無散亂則善行自然增，覺識清澈於法生定解，依寂靜處是為佛子行。」在城鎮裡就算懂些佛法道理，也無法時常生起定解，除了前往寂靜處實修之外，身處會生起貪瞋癡的喧囂城市之中是無法好好修行的。

ནགས་ནི་རྣམ་གཡེང་འདུ་འཛི་ངང་གིས་ཆུང་། །

林中散亂喧囂自然小，

འཇིགས་དང་འཚེ་བའི་སྡུག་བསྔལ་ཀུན་དང་བྲལ། །

遠離怖畏危害諸痛苦，

མཐོ་རིས་གྲོང་གི་དགའ་བས་ཆེས་ལྷག་པའི། །

相較善趣歡樂猶更勝，

ཞི་བའི་ནགས་སུ་དེ་རིང་སྤྲོ་བར་མཛོད། །

今日當於寂靜森林喜。

在森林之中，散亂與喧囂自然變小，對有情生起悲心，在自己相續之中生起對見地的定解，這些全是寂靜處的功德。在寂靜處少欲知足，沒有任何的怖畏，如果是個有錢人，會怕有強盜來搶，如果礙於吝嗇不想捨棄錢財，還可能面臨被殺害的危險，如前所述，錢財乃是令貪、瞋增長之因。眾生對於善道當中天界和人間的歡樂有所欽羨與渴求，將天道與人間的妙欲享用視為喜樂，而在寂靜山林實修佛法跟那些相比，有過之而無不及。在尚未成辦自利、尚未得以成辦利他之前，應當歡喜地待在寂靜的森林之中。

ཀྱེ་མ་སེམས་ཁྱོད་ནགས་ཀྱི་ཡོན་ཏན་ཉོན།།

唉呀心汝聽森林功德，

རྒྱལ་བ་མཆོད་འོས་རིན་ཆེན་ལྗོན་ཤིང་རྣམས།།

堪供諸佛珍寶諸樹木，

འབྲས་བུ་དུད་ནས་ནགས་ན་ལེགས་པར་འཁྲུངས།།

果實落下善長森林中，

ལོ་མ་མེ་ཏོག་དྲི་ཞིམ་ཁ་བྱེ་ཞིང་།།

樹葉花朵飄香而綻放。

སྤོས་ཀྱི་བསུང་དང་བསིལ་བུའི་ངད་ཀྱང་ལྡང་།།

瀰漫香木清涼之香氣，

ཕུ་ཆུའི་ཛ་ཛ་སྙན་པའི་སྒྲ་འབྱིན་ཅིང་།།

瀑流妙鼓發出悅耳音。

ཟླ་བ་བསིལ་བས་ཁྱབ་པའི་སྐེད་ངོས་ནི།།

清涼月光遍照之山腰，

ཆུ་འཛིན་སྟུག་པོའི་གོས་ཀྱིས་གཡོགས་པར་གྱུར།།

濃厚雲霧衣裳所遮掩，

དེ་ན་རྒྱུ་སྐར་ཚོགས་ཀྱིས་ཡོངས་རྫོགས་མཛེས།།

於彼群星相映璀璨麗。

應當棲止於令人愉悅的森林，巴楚仁波切也曾經讚嘆在寂靜山林之中是何等歡喜。總之，待在寂靜山林有助於實修，在城鎮裡修一年，還不如在寂靜處修一個月。這裡提到林木堪用以供養諸佛，就有如珍寶一般，並不是真的珍寶所成的寶樹。各種樹木生長出果實，有些是藥樹，有些則有香氣。有作為眼睛對境的美妙形體，有作為鼻境的香氣，有的嘗起來有甜味，有些摸起來觸感柔順，不需要人去栽種，自然而然長出各式各樣的果實。

有些花在有陽光時綻放，散放出香氣；有些是在月亮出來時開花，也會有香氣四溢。香木的氣息自然瀰漫，有時既不熱也不寒的涼風吹來，會使心神清爽。山谷中有些瀑流聲音不會太大，也不至於小聲到聽不見，潺潺流下的水聲讓心可以平靜下來。這裡都還沒有提到實修，而是這些環境自然讓人的心愉悅起來。

在清涼月光所遍照之山腰，被厚厚的雲霧衣裳遮掩住。起雲霧的時候，山的上半部還看得見，下半部則看不到，有時則是相反，有各式各樣讓心神清爽的景致。白天有地上花朵，夜晚則有天上群星，湖面映照著閃閃星光，有如供水和供燈，一切渾然天成，不需假人之手打開電燈。

དྲི་ཞིམ་རྫིང་བུ་ངང་མོའི་ཁྱུ་སྒྲེང་ཞིང་།།

香水池中鵝群齊遨遊，

བྱ་དང་རི་དྭགས་མང་པོ་བདེ་བར་རྒྱུ།

眾多飛鳥野鹿歡奔行，

པདྨ་དཔག་བསམ་ཤིང་དང་ཨུཏྤ་ལ།།

蓮花滿願樹與烏巴花，

བུང་བས་གླུ་དབྱངས་དར་དིར་ལེན་པས་ཁྱབ།།

蜜蜂嗡嗡歌聲滿縈繞。

天然的淨水沒有不好的氣息，有花朵在乾淨的池水中生長，因而散發著香氣。天鵝遨遊在長著花草的池間，一幅怡人的景象，如果換作是一大群人在池子裡，我們就會產生散亂了，可是有鳥獸出沒卻不會成為散亂之因，而會令人愉悅。各式各樣的鳥和野鹿等動物，因為有福報而沒有經歷痛苦，快樂地活動著。不僅如此，當我們待在寂靜處時，野生動物知道我們不會傷害牠們，會顯露出開心的姿態前來跟我們待在一起。

森林中有蓮花和滿願樹，這裡的滿願樹指的可以是新長的良木，至於烏巴花，應該是跟蓮花有所差別，可是我並不知道箇中差異。不過，如前所述，有的花會在有月光的時候綻放，有些花會在有太陽的時候綻放，有的花是在具足濕氣和暖度的時候自然綻放。總之，林中開滿各式各樣的花朵，而花朵不只是顏色好看，還含有花蜜，於是蜜蜂像是唱起歌一樣前來。在空曠的地方有這樣的蜂群唱歌作響，也會讓心情轉變為不同的狀態，心生歡喜。對於實修者來說是如此愉悅，可是對於無法實修的人來說，在空曠地方可能會待不住，哈哈，我看會有困難！聽說在青海湖上的湖心島上就有一個人，一下待在上面，一下待在下面，待在哪邊都不是，由於四周都是湖水，又沒辦法脫離。[2]

སྔོན་པའི་ཤིང་རྣམས་གཡོ་བའི་གར་བགྱིད་ཅིང་།།

樹木搖曳生姿舞翩然，

འཁྲི་ཤིང་ཡལ་གའི་ལག་རྩེད་དུད་པ་ཡིས།།

林木枝條垂下如手戲，

འོངས་པ་ལེགས་ཞེས་མགྲོན་ལ་བསུ་བ་བཞིན།།

有如迎賓一般訴歡迎。

བསིལ་བའི་ཆུ་གཙང་པདྨས་ཁེངས་པ་རྣམས།།

清涼淨水長滿妙蓮花，

འཛུམ་པའི་བཞིན་གྱི་མདངས་རབ་གསལ་བ་བཞིན།།

光采奕奕有如微笑般。

2　第二天的開示在此結束。

寂靜山林中有許多美麗的樹木搖曳生姿，像是在跳舞一般。自己有好好實修，在清淨觀當中會如此看待眼前的景致，沒有不清淨的感受，連樹的搖動都像是在跳舞一般，心生喜悅。好好生長的樹木枝條有如人髮一般自然垂下，像是彎身恭敬歡迎重要客人的到來，就像人們會彎著身體，拿著哈達恭迎貴賓一樣。寂靜山林當中的水應該不會骯髒，所以這裡提到清涼而澄淨的水，水中長滿了蓮花，有時可以看到天然生長的蓮花，光采奕奕，像是在微笑一樣，就像和朋友或情人相會，內心歡喜而面露微笑。

སྐྱེད་ཚལ་མེ་ཏོག་ལྡན་པའི་རྒྱན་ཕྲེང་ཅན།།

花木妙飾成鬘之林園，

ནེའུ་སིང་སྔོན་པོའི་གནམ་གཡོགས་ལེགས་འཛིན་ཅིང་།།

執持青綠草原之天裙，

དྭངས་པའི་མཁའ་ལ་གཟའ་སྐར་ཤར་འདྲ་ཞིང་།།

恰似清澈天空升星曜。

དགའ་བའི་ཚལ་ན་ལྷ་རྣམས་རྩེ་བ་བཞིན།།

有如天眾遊戲歡樂園，

ཁུ་བྱུག་སྨྱོས་པའི་གདངས་སྙན་གླུ་ལེན་ཅིང་།།

陶醉布穀鳥鳴悅耳曲。

དུས་རླུང་བསིར་བུས་མེ་ཏོག་འགྲིམས་པ་བཞིན།།

清涼季風穿拂花朵中，

སྤྲིན་གྱི་གླང་པོ་དགའ་བའི་སྒྲ་འབྱིན་ཅིང་།།

如象雲朵發出歡樂音，

ཆར་གྱི་སྣང་བ་རབ་བཟང་བསིལ་བསིལ་བཞིན།།

絕妙雨景帶來沁涼意。

རྩ་བ་ལོ་མ་འབྲས་བུའི་ཁ་ཟས་ཀྱང་།།

樹根樹葉果實之食材，

སྡིག་དང་མ་འདྲེས་ནགས་ན་དུས་བཞིར་ལྡན།།

不摻罪惡林中四季具。

這個讓人得以休憩的怡人林園裡，花朵和樹木有如飾品串結成鬘，就好像刻意製作的瓔珞一般。一般來說，寂靜處似乎沒有大型的野獸，林木成群之地，像是青綠的天裙，各式各樣的花朵在一片碧綠當中綻放，就有如群星在清澈的天空升起一般。在這樣怡人的林苑裡，有如三十三天和欲界天在遊戲似地，充滿著天然的歌舞景象，還有布穀鳥等各種飛鳥發出悅耳的鳴叫聲。在寂靜山林確實如此，鳥兒的叫聲好聽，成為讓人生起信心和歡喜的因緣。寂靜山林中有白、黃、紅、綠等各種顏色的鳥，也有多色混雜在一起的鳥。鳥兒飛來飛去遊戲、鳴叫，也彷彿是天界男女在遊戲和歌唱。

季風吹來，讓人覺得涼爽，當我們坐在湖邊，一陣風吹來，花朵自然落下，有如供花一般，大概這就是涼風吹拂花朵的情形吧。有時待在高山上，雲呈現出像是大象的形相，有時會呈現、轉變為動物、美妙房子的形相。這裡提到的雲中聲音，應該是指雷聲吧，空曠清淨之地傳來雷聲，聞之感到悅耳。絕妙的雨景當中，沒有狂風驟雨，而是綿綿細雨。這樣的雨帶來盎然生意，長出新的草木。

在寂靜處的瑜伽士少欲知足，已經扭轉了對輪迴的貪著，他們可以只吃根、葉和果實，不需要花工夫去尋找別的食物。如此一來不會參雜罪惡，而且這樣的食物是春、夏、秋、冬四季都可得到，不會間斷。以上談到的都是寂靜處的功德，如果各位想前去的話，是會感受到這些愉悅的，呵呵。這種情形確實發生在瑜伽士身上，到了某個階段，證悟覺受會增長。

ཉོན་མོངས་རྣམས་ཀྱང་ངང་གིས་ནགས་ན་འགྲིབ།།

諸般煩惱亦於林中減，

མི་སྙན་བརྗོད་པ་སུ་ཡང་མ་མཆིས་ཤིང་།།

不悅耳之言語無人說，

འདུ་འཛིའི་གྲོང་ལས་རྒྱང་རིང་གྱུར་པས་ནི།།

喧囂城鎮距離遙遠故，

ཞི་བའི་བསམ་གཏན་ངང་གིས་ནགས་ན་འཕེལ།།

林中寂靜禪定自增進，

དམ་པའི་ཆོས་དང་མཐུན་ཞིང་སེམས་འདི་དུལ།།

相順正法此心亦調伏，

ཉེ་བར་ཞི་བའི་བདེ་བ་ནགས་ན་ཐོབ།།

靜止之樂可於林中得。

在森林之中，煩惱會自然而然減少、不會生起。好像都忘了過去的事，也不會去想未來的事，對於現在正在從事的善行有著更大的歡喜心。待在寂靜處時，完全沒有任何人在說些不好聽的話，不管國家、地區發生了什麼，自己都不會聽到不好的事。既然沒聽到，內心就不會隨之起舞。

在喧囂的城鎮裡，有許多事項要辦，如此一來，妄念也不得不跑動，身體與心理兩方面都不得閒。以前的寺院即是寂靜處，但是如今大部分的寺院若跟真正的寂靜山林相比，恐怕都應稱作「城中寺」了。

寂靜處遠離了城鎮，這樣有什麼功德呢？不論所修的是什麼樣的禪定，像是奢摩它的禪定、毘婆奢那的禪定，還是生起次第的禪定、圓滿次第的禪定，乃至生、圓無二的禪定，不論修什麼似乎都沒有障礙了。我們現在會受到環境因素干擾，修行會跑掉，變成像是沒空修行一樣，修行受到妄念的干擾而中斷。在寂靜山林則非如此，可以清明地修持，沒有任何障礙。

不論是誰去看那修行者，會發現沒有任何不如法的地方，完全依照大悲本師佛在經續當中所教導的，沒有不符之處。主要需要調伏的就是心，我們的心由於跟在貪、瞋、癡、我慢、嫉妒，以及由此衍生的心所和妄念後面走，因此雖然我們喜歡佛法，仍令修行遇上障礙。在寂靜處則沒有這個問題，自心會自然變得調柔。一切的戲論完全止息，得以晝夜在這種靜止的安樂中無間斷地安住。

མདོར་ན་ནགས་ཀྱི་ཡོན་ཏན་མཐའ་ཡས་ཏེ།།

總之森林具無量功德，

བསྐལ་པར་བརྗོད་ཀྱང་ཟད་པར་ག་ལ་འགྱུར།།

縱使長劫述說亦無盡。

དུས་གསུམ་རྒྱལ་བས་བྱང་ཆུབ་བརྙེས་པ་ཡང་།།

三世諸佛得到菩提果，

ནགས་སུ་གནས་ལས་བྱུང་བ་མ་གཏོགས་པ།།

亦為安住森林之所致，

ཡུལ་འཁོར་གྲོང་དང་འདུ་འཛི་གནས་ལས་མིན།།

非於城鎮喧鬧之環境。

簡而言之，結論就是：森林的功德是完全無法說盡的，在寂靜山林修持正法乃是此生和來世妙善之基，功德無量，難以言詮，縱使花上一劫的時間也說不完。這並不是說只要獨自待在森林就有如此無量功德，而是要在林中修持正法，否則森林裡的鹿隻和很多動物不也是都待在森林裡嗎？

那麼為何在寂靜處修行會如此珍貴呢？這不是自討苦吃嗎？在城鎮裡面條件很好，舒舒服服待著不是比較好嗎？這裡說到，包括過去、未來、現在在內的三世諸佛得到菩提或佛果，都是由於待在森林的緣故，他們依著寂靜山林而進行實修，得到成就，行遍地、道，達到斷所斷、證所證的究竟境界，最終得到佛果。如果有人覺得「是這樣的嗎」？城鎮不論是大是小，都是很喧囂之處所，在令人散亂喧囂城鎮裡還能成佛的例子完全不存在，這是肯定的。

也許又會有人問說：「為什麼在城鎮實修卻成不了佛呢？」因為那裡有令人散亂的五妙欲和種種喧囂，會造成修行佛法的障礙，因而無法成佛。相反地，寂靜處具有上述種種功德，正法的功德自然而然會在相續中生起，得以快速得到佛果。

這裡說得斬釘截鐵，諸佛菩薩乃是因為依靠寂靜山林而出現的，此外，在喧囂城鎮裡面絕對沒有成佛這回事，這裡講的是造下成佛之因的階段。我們初學者在剛開始初入佛門，並不是佛菩薩們的化身，所以首先要好好聽聞，復以思惟好好斬斷增益，接著要到寂靜山林進行實修，這是絕對必要的。否則，實修不會有好結果，自己也只徒具虛名而已。

我們需要具備該有的行持，首先是聽聞的行持，應該要像蜂入花叢尋蜜一樣，要善加聽聞。接著要具備有如築巢鳥的行持，小小的鳥會叼著很多小塊的土石，在屋簷或是其他合適的地方築巢。據說牠們剛開始的時候善於擇地，知道一個地方有沒有缺點，觀察之後便築巢，鳥巢有個小小的入口，一鑽就直接進到裡面去。以思惟斬斷增益就是像這樣，了解實修正法的扼要，遠離疑惑。

接著要有像鹿獸一般隱密地行持，譬如獵人用槍射擊山羊或其他珍奇的動物，導致牠們命在旦夕，牠們知道獵人會來找尋，於是會去尋找獵人看不到的地方躲藏，死掉的話當然就沒什麼好說了，可是只要還活著，在還沒康復之前都會躲起來，絕不讓自己落入獵人手中。我們獨自在寂靜山林實修就要像這樣，透過實修而產生能力，像是修菩提心，便在相續生起非造作的菩提心；修出離心，則生起非造作的出離心；修持「證無我智之見」，也會如理在相續中生起，在尚未生起之前，就要持續修持。

自己要先生起出離心，看到六道輪迴的本質是苦，真心生起想要從輪迴脫離出來的想法。接著要修菩提心，在相續中生起非造作的菩提心，到了一個階段，會真正這樣想：「絕不可以不去利益一切有情！」只有這樣的想法並沒有幫助，必須要在能夠幫助有情的方法上面勤下工夫。想要帶來幫助，如果不先成辦自利就無法成辦利他。自利是指什麼程度呢？以顯教來說，像是初地的功德等等，而以大圓滿來說，大概就要達到「明覺臻量[3]」以上的程度，在還沒到這樣的程度之前，仍然會因為遇到其他外境的緣故而導致障礙出現，歷史上有這樣記載。如果已經達到這樣的程度，就完全沒有因為碰上負面外境而導致修行變糟的案例了。所以如果能夠依靠寂靜山林，那麼上述的種種功德就會出現。

例如有一位叫作嘉瓦阿拉的人，他剛開始的時候是學習格魯派的典籍，成為一位大博學者。多竹千仁波切以前在學習經論時，主要就是向他學習，他是堪千南傑與多竹仁波切所依奉的根本上師。他前去匝[4]巴楚仁波切的尊前求得《入菩薩行論》，學著學著還流下眼淚。之後，巴楚仁波切交代他說：「你要去上部阿里的

3　「明覺臻量」是大圓滿頓超四相當中的第二個階段。

4　匝為地名，藏人有時會在人名前加上地名。

森林裡修行。」於是他就去修行了，花了十二年的時間，直到生起非造作的菩提心，後來當他想到有情的痛苦時，總是會流下眼淚。他有個煮茶的茶壺，他曾說：「如果把我在阿里森林思惟有情苦、生起菩提心所流的淚水都累積起來，大概可以裝滿這個茶壺！」爾後，他回到巴楚仁波切身邊，據說巴楚仁波切很歡喜，為他慶祝了一番。說是想要慶祝，巴楚仁波切身邊也沒什麼眷屬，在我們家鄉，把人參果當作是很珍貴的食物，巴楚仁波切就交代眷屬說：「去煮些人參果吧！準備一些酥油人參果來吧！阿拉成功了！阿拉的相續中生起菩提心了！我們來慶祝一番！」

之後，嘉瓦阿拉勤加修持密集金剛，他修持密集金剛的生起次第和圓滿次第，我忘了是在什麼地方了，他花了九年進行實修，經歷密乘的加行道到見道，相續中具有佛法的威力，後來依靠了一位名為措嘉、具足種性的真正空行母，當時他已七十四歲。在那之前，他是比丘身，就像是舍利弗一樣，可是他依明妃並沒有過失。有如薩拉哈巴[5]依商主之女為明妃一般，薩拉哈巴本來是那蘭陀寺的住持，後來修持密集金剛還是勝樂金

5　薩拉哈巴，又稱薩拉哈，是著名的印度大成就者。

剛，在相續中生起了證悟覺受，進行很多年的嚴謹閉關。後來具德龍樹菩薩受比丘戒，成為住持，取代了他的位子。他則依商主之女為明妃，漸次經歷地、道，成為開悟者。傑帕莫竹巴曾如此讚嘆大成就者朗傑日巴：「直至在恆河為止，開悟者中以薩拉哈巴為貴；而在此地的開悟者就屬您了！」

總之，嘉瓦阿拉是位精進的修行人，他如此安住森林修持菩提心，才沒有隨隨便便就可以成佛的那回事。我在這邊講的是一個真實發生的現代事蹟，不是太久遠的事，他在七十多歲的時候依了明妃。果洛地區那些不明所以的在家男女並不懂表面說好話的那套禮數，他們就問說：「阿拉呀，你都這麼老了，一直是比丘身，怎麼會娶了個老婆呢？」他回答說：「我是為了能夠快點幫助有情，是基於這樣的目的，不是為了世間情愛。」

總之，在寂靜處進行實修有其理由，需要藉著成辦自利來利益其他眾生，並不是要強迫你待在山頂不能跑走，也不是要你在死前都不准跑去城鎮，你是需要去利益眾生的，要以「自己不會受煩惱控制」為真正判準點，只要達到這個程度，就是成辦利他的時候了。如果已經具有菩提心，去盡力利益有情也沒有什麼不可以，不過以上提到的是真正的標準。

དེ་ལྟར་ནགས་ཀྱི་ཡོན་ཏན་དྲན་བྱས་ནས། །

如是意念森林諸功德，

དགོན་པར་ཕྱོགས་ཏེ་གོམས་པ་བདུན་བོར་བ། །

朝向靜寺方向行七步，

བསྐལ་པ་གང་གཱའི་སངས་རྒྱས་ཐམས་ཅད་ལ། །

長劫之中向恆河諸佛，

སྤོས་དང་མེ་ཏོག་ཀུན་གྱིས་མཆོད་པས་ཀྱང་། །

獻上妙香妙花諸供品，

དེ་ཡི་བསོད་ནམས་ཕྱུང་པོ་ཆར་མི་ཕོད། །

尚且不及彼福之一分，

རྒྱས་པར་ཟླ་བ་སྒྲོན་མེའི་མདོ་བཞིན་དུ། །

應依《月燈經》中所廣釋，

ནགས་སུ་ཡོན་ཏན་དམ་པ་བསམ་པར་བྱ། །

思惟林中殊勝諸功德。

我們應該要意念之前提到的所有森林的功德，首先要先聽聞在森林修持佛法的殊勝與功德，第二是要生起歡喜心並且衷心想著：「我也要這樣做！」偈頌裡談到的寺院指的是寂靜處，朝著寺院的方向步行七步，這與一劫之中向恆河沙諸佛獻上香、花等眾多供品相比，在誠心想著寂靜處功德、衷心想要前往之下，僅僅朝著那個方向步行七步，有更大的功德利益，這乃是根據大悲本師佛所說的《月燈經》裡廣加宣說的內容。月燈可能是求法者的名字，有時會以向佛請法者的名字作為佛經的名稱，這部經裡面說了很多關於寂靜處的功德利益，應按照這些內容來思惟森林的功德。

但是這並不是要我們思惟森林有很棒的功德就算了，而是要策勵我們前去。既然步行七步的功德都勝過一劫之中供養恆河沙諸佛的功德，在林中如理待著實修的功德就更不用說了，這才是我們該有的思惟方式。

དེར་སོང་ནས་ནི་ཕུག་དང་བྲག་རིའི་དྲུང་།།

去後復於洞窟岩山前，

སྨན་ལྗོངས་མེ་ཏོག་ལྗོན་ཤིང་དྲུང་དག་གམ།།

鄰近藥樹妙花林木處，

རྩྭ་དང་ལོ་མའི་སྤྱིལ་པོར་གནས་བཅས་ཏེ།།

或於草葉所成之住處，

ཆུ་དང་ཤིང་དང་འབྲས་བུ་ལ་སོགས་པ།།

依著水樹乃至果實等，

ངན་ངོན་ཙམ་གྱི་འཚོ་བས་ལས་འཚོ་ཞིང་།།

簡樸生活方式而度日，

དགེ་བའི་ཆོས་ལ་ཉིན་མཚན་བརྩོན་པར་བྱ།།

日日夜夜精勤於善法。

前往森林後，那裡有天然岩石或是堅硬的土所形成的石窟或土窟，還有站在岩山的前面，有岩石在上可以遮雨蔽體，只是沒有房屋的形體而已。另外有藥樹、花木所在之地，大樹枝葉繁茂，可以在那下面用天然材料搭個帳篷或是搭建房子，不會受到雨淋，但是可能受風勢影響，總之可以用樹葉搭建一個棚子，足以遮擋雨水和落雪。到了寂靜處，除此之外沒有別的住處了，很開心啦，哈哈。

偈頌裡面提到依靠果實等物品，以簡樸方式維生度日，這就讓人想起密勒日巴尊者。有一天，密勒日巴尊者待在石窟裡面，一個小偷跑了進來，偷偷摸摸在找有沒有可以搜刮的東西，密勒日巴尊者發現之後對他說：「我連白天都找不到東西了，你晚上就別忙了啦！」哈哈，小偷就感到很羞恥，有這樣一段歷史。總之要簡樸生活，那裡可沒有像現在我們這種舒舒服服的條件。

如果真的想修行佛法、有打從心裡對輪迴生起出離心的話，這樣的條件是可以的了，若是具有菩提心就更不在話下了。到了空曠地帶，可別像是動物一樣只是待在那裡而已，應該日以繼夜在善法上精勤修持。這一段裡面提到了我們如果前往森林會有如何的功德利益、前去以後該住在如何的住所、該以什麼飲食為滿足，不僅如此，還要不分晝夜勤修善法，這樣將可快速得到佛果。

དེར་ནི་ནགས་ཀྱི་ཤིང་ལོ་རྙིང་པའི་དཔེས།།

若以森林老葉做比喻，

གཟུགས་དང་ལང་ཚོ་དབང་པོའི་བྱེ་བྲག་རྣམས།།

身體青春乃至諸根器，

རིམ་གྱི་རིམ་གྱིས་འགྱུར་ཞིང་སྙིང་པོ་མེད།།

依次漸漸轉變無實義，

འཇོར་བ་རྒྱུད་ཅེས་ངེས་པར་རྟོགས་པར་བྱ།།

必當了悟凡有必衰敗。

寂靜處的功德大概已經解說完了，接下來是以森林裡的林木等等事物來作比喻。森林的樹葉隨時變換，並非一成不變。美好的體態、青春的年華、敏銳的感官等等，這一切都不脫世間事物生滅的本性，凡生必滅，無有例外。自己不論擁有什麼眷屬、財富，剛開始的時候如同新生的花或是新長的果實，長得越來越好，但是隨著秋天到來，顏色變得枯黃，稍微碰觸就會掉落。這並不是要我們拿來思考寂靜山林的本性，而是以此為喻來反觀自己的身體和世間事物，都是不恆常、不堅固的。凡是我們擁有的都不堅穩，再怎麼富有的人都會有變成窮人的危險，這是我們看得到的，這發生在經商的富人身上，也發生在被尊崇的上師們身上。

以我們西藏為例，往昔在地方上被尊崇的大上師們，在共產黨到來之後，全被共產黨關進監牢，他們不給你飯吃，有很多上師便因飢餓而身亡。這個例子告訴我們，沒有什麼是一定會發生或一定不會發生的。也許有人會說：「哎呀，那只是有些人不幸碰到這些狀況而已，不能一概而論吧！」但是所謂的業只要一成熟，就無法肯定地說什麼事情不會發生了。所以當以老葉子為喻，我們所擁有的事物也會變換而了無實義，總有衰落之時。

དེར་ནི་ཤིང་དང་ལོ་འདབ་བྲལ་བའི་དཔེས། །

樹葉從樹脫離為比喻，

མཛའ་དང་མི་མཛའ་དེ་བཞིན་བདག་གི་ལུས། །

親不親者乃至己身體；

སྣན་ཅིག་འདུས་ཀྱང་སོ་སོར་འགྲེས་ཆོས་ཅན། །

雖同聚集復將各散去，

འབྲལ་བའི་ཆོས་ཞེས་ངེས་པར་རྟོགས་པར་བྱ། །

必當了悟所謂離散法。

樹木在生長的時候，長出茂盛樹葉，與樹枝相連一體。秋天來臨時，樹葉變得乾枯，風一吹葉子就會掉落。以此為喻，與我們親密的朋友、情人、父母、兄弟姐妹、叔叔、舅舅等等，或是與我們不親的敵人、製造傷害的人等等，終究會失散分離，不會永遠聚在一起。親人並不會一直跟我們待在一起，敵人也不會一直在我們身邊，不僅如此，我們的身體也會與我們分離。

身、心兩者只是暫時相聚，親友和敵人也是如此，總會分離。前一個偈頌是以樹葉老枯來比喻財富並不穩固，現在這個偈頌是以樹葉脫離樹木為例，說明親人與不親者終將與我們分離。這些是在告訴我們不要有所貪著，財富增加不需太高興，財富減少也不用難過，世事本是如此生滅的本性。

談起以上這些內容是有什麼目的呢？我們會把親近的人當作自己人，基於這樣的貪著，會從事各式各樣的事情，不計是否會成功。相對地，我們會把不親近的人視作敵方，不管有沒有能力去傷害對方，總之會擺出厭惡的姿態，也會透過身、心去做各種事情。而以上的內容就是告訴我們並不需要去做這些事，因為這些事物不會長久穩固、停駐，自己應如理實修正法，而不是為了那些事而奔波。就算你想跟親友長久在一起，也沒有辦法達成；想要遠離敵人也不必在意，因為很快就會分離，所以去多加操勞是沒有幫助的。

不僅如此，我們的身體也不需要都用在追求財富上面，這是我們修行正法的依靠，在不使身體毀壞的前提之下，衣食不落二邊[6]，不需要再去從事罪惡的事而吃盡苦頭，去做那些事情並不會有成果，因為很快又會分離了。這是我們針對這些內容所真

6　不極其奢華，也不窮途潦倒。

正該有的思考方式。

དེར་ནི་པདྨའི་རྫིང་བུ་སྟོང་པའི་དཔེས། །
若以蓮池掏空作比喻，

ནོར་དང་འབྱོར་བ་འདོད་ཡོན་སྣ་ཚོགས་ཀུན། །
珍寶財富各種諸妙欲，

མཐར་ནི་མི་རྟག་འགྱུར་ཞིང་སྙིང་པོ་མེད། །
最終淪為無常無實義，

བསགས་པ་འཛད་ཅེས་ངེས་པར་རྟོགས་པར་བྱ། །
必當了悟凡積終竭盡。

蓮花剛生長時，姿態美妙，讓人看了以後不覺得它會壞滅。但是幾個月後，嚴寒時節冷風吹來，僅由細莖支撐的蓮花一下就被吹倒了。就像這個譬喻一般，不論擁有什麼珍寶、財富和五妙欲等很大的受用，儘管有如往昔轉輪聖王坐擁眾多功德一般，最終依然不會恆久，終究沒有實義。

所謂的「有為法皆是無常」[7]，透過個人的經驗便可了解。一般來說，凡是有為法，不論是好是壞，都是無常的本性，持續在改變，沒有實義。凡生必滅，凡積必竭，凡是累積的事物，最終都會竭盡。但是這並不是要我們想著一切事物最終都會消失，而是要體認它們沒有實義，不應為它們而辛勤努力，要知道這是散亂之因，也是修行正法的障礙。所以應當放下，在不落二邊之下，依著寂靜山林進行實修，如此一來才有意義，這才是明白這個比喻的旨趣。要不然，只是覺得這個比喻挺有道理的，就完全沒有幫助了。如此思惟之後，不去從事世間八法，不去勤加累積事物，這是修行者應當做的。

དེར་ནི་ནམ་ཟླ་དུས་བཞི་འགྱུར་བའི་དཔེས། །

年月四季變化為比喻，

སོས་ཀའི་མེ་ཏོག་རྒྱས་འདྲའི་ལུས་འདི་ཡང་། །

如同春天花綻之此身，

7　一般中文典籍作「諸行無常」。

དུས་ཀྱིས་འགྱུར་ཞིང་ལང་ཚོ་ཟུམ་པར་ཡོལ།།

隨著時間而變年華逝，

འཆི་བདག་འབྱུང་ཞེས་ངེས་པར་རྟོགས་པར་བྱ།།

必當了悟死主將到來。

隨著春、夏、秋、冬的季節變換，天氣、土地和植物也有所改變。花朵在春天盛開，我們的身體在青春成長期間也是如此。春夏長出的花，到了秋天就變成彷彿從來沒有長過一樣，我們的青春也是日漸流逝。年輕時很漂亮、有活力，但不會一直如此，而是會轉變的。就算沒有忽然生病或是遇到壽命的障礙，最後也會變老，不僅如此，終究還是要經歷生、老、病、死。所以說，把世間瑣事看得很珍貴，做了一大堆，最後自己也享受不到，實在沒有意義。

我聽說有個美國人賺了很多錢，好像賺了幾千萬還是幾億，死前沒有把遺產過繼給任何人，而是讓一隻狗去繼承財產。他在賺錢的時候花了很多心力，年老死去時也只能拋下，剩下的錢也不能隨便任人拿走，據說他留下了遺囑交代讓一隻狗來繼承。其實一隻狗怎麼可能會去花幾億的錢？一定是會被人取用。這個故事聽來好像很可笑，不過其實也在說明一件事究竟有沒有意義。總之，若要修行正法、若想成為修行人，就要少欲知足。

དེར་ནི་འབྲས་བུ་སྨིན་དང་ལྷུང་བའི་དཔེས། །

果實成熟落下作比喻，

རྒན་དང་གཞོན་དང་དར་ལ་བབས་རྣམས་ཀྱང་། །

老年中年青年等眾人，

འཆི་བའི་ཚེས་ཏེ་ནམ་འབྱུང་ངེས་པ་མེད། །

死亡何時發生無確定，

སྐྱེས་པ་འཆི་ཞེས་ངེས་པར་རྟོགས་པར་བྱ། །

必當了悟凡生即有死。

春天時，果實開始邁向成熟，到了秋天又掉落。這個比喻是用我們能直接觀察到的現象來提醒：世間事物都在改變，不會常存，不論做什麼世間瑣事都沒有什麼意義。只是理解譬喻本身對自己是沒有任何幫助的。

我們家鄉有些老人已經六七十歲，卻還不會思考死亡無常之理，你去跟他們說起年齡，他們會說：「我年紀不算大啦，只是沒什麼力氣而已！」這就代表他們的相續裡面完全沒有生起無常。六七十歲明明是挺大的歲數了，他們卻還不知道自己已然高齡，這就是沒有修持無常的結果。有些外國人覺得修持這些內容沒有意思，他們會說：「思惟六道輪迴之苦，只會讓自己不開心而已，還不如不要談這些東西。」這不是要不要談的問題，這些是世間法則。就算沒有在修，也至少能夠明瞭世間法則就是這樣運作的。如果完全沒有去思惟無常，平常雖然開開心心的，但是等到哪一天生病受苦的時候，就會經歷很大的苦，甚至會覺得好像只有自己一人在受苦，所以藉著這些來修心是會有助益的。

凡有出生就必有死亡，這是需要了解的。年輕人終究會死，老人也會死，正在成長的也會死，何時死去是未知。有很多還在成長的年輕人，由於一些因緣導致壽障，年紀輕輕就死了。而活得久的老人也不會一直長久活著，因為本來就會死亡。如果以為自己不會死，盡是努力無意義的事情、造下罪惡，最後終將使人生變得沒有意義。

有些人會想：「老人當然會死，因為壽命走到盡頭了嘛！可是我們還年輕呀！」然而事實上，沒有辦法保證年輕人明天不會死去，有些甚至在還沒出生前就死掉了，有些是一出生就死了，有些是出生幾天後、幾個月後或幾年後死去，這種情形實在很多。我們應當思惟以上所有的道理，完全無法保證不會死去，也無法知道何時會死。

不過，如果只是了解死期難料也沒什麼意義，應該要以此策勵自己修持正法，這才是思惟這些的目的，要了解凡生必有死。這樣的思惟可以讓我們在死亡來臨時無所畏懼，並且可以將臨終痛苦化為道用。若能好好修持無常、空性、菩提心等，經過串習而穩定的話，死亡也沒有什麼好怕了。就像一個勇士突然與敵人狹路相逢進行戰鬥，一個有勇氣的人碰上這個場面也不覺得怎麼樣，他心裡早有準備會有這一天；如果是個沒勇氣的人，就會怯弱而想著：「哎呀！這該如何是好呀！」想逃又沒地方逃。勇者不只有膽量，手上也有兵器，我們就該像這樣，在臨終時能理解佛法內涵，明瞭世事本是生滅的本性，心裡想著：「每個人都會碰上的，想當然爾。」不僅如此，還生起投生淨土的欲念，或是針對自己實修的扼要處進行特別的觀修，如果平時有修心，到時候就不會過於害怕了，這就是講述這些偈頌的目的。

དེར་ནི་རྫིང་བུར་གཟུགས་བརྙན་ཤར་བའི་དཔེས། །

池中顯現倒影為比喻，

སྣ་ཚོགས་ཆོས་ཀུན་སྣང་ལ་རང་བཞིན་མེད། །

紛呈諸法顯而無自性，

སྒྱུ་མ་སྨིག་རྒྱུ་ཆུ་ཡི་ཟླ་བ་འདྲ།།

有如幻術陽焰及水月，

བདེན་པས་སྟོང་ཞེས་ངེས་པར་རྟོགས་པར་བྱ། །

必當了悟實有乃為空。

這部論裡面應該是有包含所有的法要，我並不清楚科判的細節，截至目前為止的內容談到了生起出離心、修持菩提心，以及無常、寂靜處功德、修持佛法的理趣等等前行的部分。而這個偈頌是講述一切諸法的實相。

水池裡倒映著森林植物的影像，以此為喻，指出一切世間景象雖有顯現而非真實存在，雖無真實存在而有顯現。從顯現的角度來看，有各式各樣作為眼境的色，像是各種有情以及沒有生命的物品。這一切都可顯現出來，不會是有些可以顯現而有些不能顯現。同樣地，有各種聲音、味道、觸感等等，所有五妙欲乃至由五大元素生成的外在器世間，都有各式各樣的顯現。

我們自己的身體也是如此，如果去觀察一切蘊、界、入，會發現有各式各樣顯現和形成的方式。儘管如此，雖然從顯現的角度來看，這一切內情、外器的事物有各式各樣的相，實際上去看這些事物的本質時，會發現除了「無」以外，沒有絲毫真實存在的自性。種種相有所顯現，這些相又非真實存在，這到底是什麼道理？而他們又是如何顯現的呢？從顯現出來的景象來看，會覺得是真實存在的，從空的角度來思考，好像又無從顯現了。這些是可能會產生的疑惑。

我們的回答是：「並非如此。」「顯」「空」二者並不相違，是可以顯現出來的。怎麼說呢？例如幻術師會用物質、咒語加上變出幻術的意念，就可以在天空變出馬、牛或是房子等種種景象出來。透過因、緣，這些景象可以顯現出來，但又不是真實存在。這是其中一個比喻。而陽焰的出現也需要因緣和合，像是在較熱晴天的草原中，大概就會出現有水在流動般的景象。在無水高地的口渴動物，看到陽焰還以為有水流，跑過去想喝卻又發現什麼都沒有。有顯現像是水一般的景象，其實並非真實存在。水月是月亮在水中的倒影，跟月亮長得一模一樣，可是它也只是水，不是別的東西。是有個影像沒錯，但是它的本質就只是水而已，根本找不到一個不是水的水中月亮。

以上這些景象都非真實存在，卻又得以顯現，這是什麼原因呢？我們由於無始以來受到無明煩惱所控制，會感知到這些相。由於未能如理看到實情，所見皆為顛倒，這是因為習氣的關係而顛倒，這些就是所謂的因緣。我們必須了悟這個「顯而空」的道理。以實修的見地來說，這個算是前行了。

དེ་ལྟར་ཆོས་ཀུན་ཁོང་དུ་ཆུད་བྱས་ནས།།

領略如是一切法要後，

ཡངས་པའི་སྟན་ལ་བདེ་བའི་ལུས་བསྲང་སྟེ།།

寬敞墊上舒適身坐直，

སེམས་ཅན་དོན་སེམས་བྱང་ཆུབ་སེམས་སྒོམས་ལ།།

修菩提心思惟有情利，

འདས་པ་མི་བསམ་མ་འོངས་སྔོན་མི་བསུ།།

莫想過往莫迎未來事，

ད་ལྟའི་ཤེས་པ་ཡིད་ལ་བྱེད་པ་བོར།།

捨棄對於現在之作意，

མི་སྒྲོ་མི་བསྡུ་མ་ཡེངས་ངང་ལ་ཞོག །

莫放莫收莫散亂而住，

ས་ལེ་སིང་ངེ་ཡེ་རེ་ལྷ་ལེ་བ།།

清清楚楚且明明白白，

སྟོང་གསལ་འཛིན་མེད་སྤྲོས་དང་བྲལ་བར་བཞག །

空明無執離戲而安住，

དུས་གསུམ་རྒྱལ་བ་ཀུན་གྱི་དགོངས་པ་ཡིན།།

此即三世諸佛之密意。

這裡講述的是見地上的實修了，以攝要竅訣式的走法來說，這就是實修的扼要處了。之前多處提到了寂靜處的功德、無常、生起出離心的諸多因素等前行。接著是對於「顯空不二」的實相生起定解，而現在是要談究竟實修的扼要處。跟這裡比較起來，前面所談的內容像是前行，善加領會之前所說的一切內涵後，在自己所處的寂靜處裡，好好安坐在坐墊上，避免產生痛覺，這裡的「坐直」指的是「毗盧遮那七支坐」的坐姿，但又不是完全照著顯教的「毗盧遮那七支坐」，而是寬鬆地跏趺而坐，可以跏趺坐的話自然很好，主要是坐姿不會引發疼痛，如果會痛的話，會導致覺受無法產生，心會跑到痛覺那邊去而成為引發妄念的因素，所以要放鬆而坐。脊椎要直，不要左偏右彎，也不要俯前仰後，應挺直脊椎而坐。

兩隻手可以用「心性休息」的姿勢，這個姿勢可以遮擋不清淨的風，有許多關於這方面的闡釋。要不然也可以按照「毗盧遮那七支坐」的方式，雙手以入定之姿放在臍部以下。脖子不要過於偏向前後左右，應該稍微前彎。兩隻眼睛不要往上朝天空望，也不要往下看，而是沒有刻意要看什麼地向前直視，在這狀態安住。

既是入定之姿，肩膀就不應偏向左右，丹田稍微內縮，不要太過用力。舌頭上頂齒顎之處，但非緊連著上顎，是放在齒、顎之間，不要太過用力。不要從鼻孔呼氣，而是透過嘴巴慢慢呼出，呼氣不要太用力，呼完以後稍微靜止，接著再吸氣，直到呼吸變得緩鬆，這是在剛開始時需要學習的。如果能夠先學習，在實修的時候就不會有障礙。如果沒有經過訓練就直接開始做，就會有點捉襟見肘，反而讓自己坐不住。以上這些要點大概都包括在「坐直」一詞裡了。

在舒適的坐墊上坐著，心想：「從今天起，我所做的一切善，特別是今日所修之善，都是為了要讓一切如母有情成佛。」要這樣好好調整自己的動機。首先要依著「毗盧遮那七支坐」好好放鬆安坐，將自己的心安放在非善非惡的中庸狀態，這樣會很好，接著才生起菩提心。如果一開始都在想惡業和工作，或是針對某個善法在做觀修，這樣就不好了。首先將自己的心安放在中庸無記的狀態，就像海上起風則起浪，風平則浪靜，這還不是實修的狀態，是先要把心如此安放，就像撫平波浪一樣，接著再好好思惟利益有情，如此一來就能夠按照法本上的詞句，隨文作念，這樣會很好。

接下來完全不要去想往日、昨天乃至前一刻的過去之事，這是「莫想過往」。而「莫迎未來」是完全不去想明天或是長久以後的未來之事。至於所謂的「現在」，其實只是個標籤，實際上「當下」並不存在，從細分法性無常的角度來看，所謂的當下是不存在的，所以不只是不去想過去和未來，連所謂的現在也沒有著力點。不管如何，內心不要針對現在的事有所作意，不要有過去、未來、現在的妄念，就像是無雲晴空一樣。

「莫放」是不要有種種念頭，「莫收」是不要向內收斂，要在完全不散亂的狀態中安住。如此安住之時，就會「清清楚楚且明明白白」，這是形容赤裸明覺的特色。若能安住在無造作的狀態下，則會清楚而不混濁，遠離戲論邊，一片空朗朗，沒有什麼可造成利害，清明而無所緣。總之，若能真正了知實修的扼要處，就會明白這裡面的意涵而安住其中，否則也沒有什麼可再多做解釋的。總歸來說，赤裸的明覺本性空，本來清淨，有如虛空；其自性勢能不滅，作為眼境的色和作為耳境的聲等等不會止滅，不似石頭敲門般地一無所知，也沒有對於聲之好壞、色之好壞的執取分別，完全沒有執著，如此在遠離一切戲論邊之下安住著。真正具緣者，能夠認識此中意趣而安住其中。如果真能在安坐之中，如理安住在扼要之所在，這就是一切三世諸佛的密意了，除此以外沒有別的諸佛密意了。

剛才談到，如果硬要跏趺盤坐而導致疼痛，則將不利於實修，因為心會跑到痛覺那邊去，所以應該是寬鬆而坐。那麼挺直而坐有什麼幫助呢？如云：「身直則脈直。」脈若直，有利於風氣的流動，如此一來有助於善法的念頭。在身體形成之初，生長出脈、氣，而念頭依此而生。所以說如果脈和氣直不直會導致念頭的有無，坐姿的好壞對初學者也有很大的正面與負面影響。等到實修到了很好的境界了，大概什麼樣的坐姿都是可以的，不過開始時是需要這樣做的。

談到諸佛密意，不明白所以的人會覺得諸佛的密意哪有這麼簡單。一切諸佛因如理證悟一切諸法的實相而成佛的，沒有別的要悟的目標了。

སེམས་ཀྱི་གནས་ལུགས་ཇི་བཞིན་གཉུག་མའི་དོན།།

心之實相如實元始義，

ལྷུག་པར་གློད་ནས་འཇོག་པ་མ་གཏོགས་པ།།

除了寬坦放鬆安住外，

ཅི་ཡང་མི་བསམ་ཡིད་ལ་བྱེད་པ་ཐོང་།།

任何事亦不思捨作意，

མ་བསམ་མ་དཔྱད་སྤྲོས་པའི་ཡུལ་མིན་པ།།

莫思莫察此非戲論境，

སངས་རྒྱས་རྣམས་ཀྱི་དགོངས་པ་དེ་ཉིད་ཡིན།།

諸佛密意正是如此也。

這裡提到了「元始」，遠離了一切妄覺染汙的無妄本性，就稱為「元始」。有所謂的「元始光明」，或是寧瑪派裡面也有談到「元始心」，像是米滂上師就著有以「元始心三法門」為名的殊勝竅訣。「元始」即是超越心的本智。

「寬坦放鬆」指的是完全不加以造作，不去做任何事，也不去思惟。身的寬鬆是說身體不可以太緊繃，要自然寬鬆而坐。口的寬鬆是要像啞巴一般，什麼話也不說。意的寬鬆也是不要造作，這就是寬鬆，只要安住在它本然的狀態裡。身不動搖，有如屍陀林裡的屍體一般；口不造作，有如啞巴一般；心不造作，有如晴空無雲。應當在毫不造作之下安住著，除此之外，不需要在別的方便上面下功夫，只要保任實相即可。

完全不去思考，放下一切內心作意，也不可以有「這個不好，我心裡頭不要生起這個」的想法，這種想法本身就是造作。如果了解這個扼要處，在這當中安住時，彷彿一切都止息了，全都化成了實相的本性，沒有別的東西了。但是要注意的是，這並不是要安住在沒有知覺的無記狀態。

不要做任何思考，也不要做任何觀察。此非戲論之境，是要在「無基離根」當中安住，如同查同敦炯林巴所說的：「周遍如天，無基離根。」如果明白如何保任實相，這就是諸佛的密意了，諸佛乃因保任此密意而成佛。[8]

དེས་ན་རྟོག་པའི་ཚང་ཚིང་ཞི་སླད་དུ། །

為能止息妄念濃密林，

ཉེར་ཞི་སེམས་ཀྱི་གནས་ལུགས་བལྟ་བར་བྱ། །

應當照見寂靜心實相，

རྗེས་ལ་འཁོར་གསུམ་དག་པའི་བསྔོ་བ་བྱ། །

之後三輪清淨作迴向，

བར་སྐབས་སེམས་ལ་མི་རྟག་འཆི་བ་བསྒོམ། །

座間於心修持死無常。

འདུས་བྱས་སྙིང་པོ་མེད་ལ་སྐྱོན་མང་བ། །

有為無有實義多過患，

འཁོར་བའི་རང་བཞིན་དེ་ཡང་བསམ་པར་བྱ། །

亦當如是思輪迴本性。

---

8 第三天的開示到此結束。

我們的貪、瞋、癡等一切粗細的妄念，有如濃密的森林。為了平息這些妄念，若了知如何觀照自心實相，一切妄念將自然止息。為什麼可以止息呢？例如海上有風時，彷彿要把波濤打到天上一樣，妄念就是如此；在沒有風的時候，海洋一片風平浪靜，心的實相就是如此。一個眾生不會有兩個心續，例如善念生起時，惡念就完全無法出現；懷著惡念時，在沒有遠離惡念之前，善念就根本無法出現。同樣地，在觀修天尊時，在觀想還沒結束之前，就無法進行圓滿次第的修持。在觀修清淨本質時，不淨之相就絕對無法成為對境。所以當我們在修持心的自生或俱生本智時，從彼勢力而起的煩惱完全沒有出現的可能。此處的修持並不像顯教那樣運用相對的對治，而是僅僅透過了知實相的本來面目便得以讓不清淨的煩惱妄念都止息，這是其殊勝之處，應當觀照或是安住在此實相之中。

應該要設定座上修持，對於初學者來說，要「短時、多次、如空房滴水」。蓮花生大士給予伊喜措嘉空行母的教導有這麼提到，雖然他們都已成佛，是為了我們這些調化的對象而示現如此。蓮師在向伊喜措嘉空行母闡述竅訣時提到，剛開始修持時時間要短，在知道實修的扼要之上，稍為安住其中，見好就收，然後再次開始，這樣做是很好的。如果一開始就想要修得很好而長時間安住，結果妄念出現，就跟在妄念後面走，就像把水給弄濁了。要不就是變成把心往內收攝，淪於無記的狀態，這將造成傷害，會使清淨的見地無法在相續中生起。剛開始的時候，時間要短，在仍然清明的時候就收，然後依著正知、正念，不淪落於瑣事和妄念中，再次安住其中。如此這般在清明的狀態下修持，沒有落入歧途或走錯路。所謂的多次指的是在短時間修持結束後，並非把修持丟在一旁而跑去工作了。舉例來說，一個空房子裡有漏水，如果擺一個容器去盛水，看起來就那麼點水而已，可是如果持續擺在那邊，整個容器就會裝滿了水。同樣地，如果能夠持續修持，到了某個階段，除了實相之外，沒有不淨相會出現了。

最後在結束這一座修持時，要在最後以「三輪清淨[9]」來好好迴向。之前有提到，修持之初需要先發心[10]，而在實相的本性中安住就是「正行無緣殊勝」，而迴向是「結行迴向殊勝」。有

9 「三輪」在此指的是迴向的對境、迴向之法、迴向者這三者，詳見下一段。
10 即「前行發心殊勝」，為三殊勝當中的第一個殊勝。

以三殊勝來攝持，則善根不論是大是小都會走在菩提道上，這三者是菩提道真正的因，不可以中斷了這三者。

「迴向的對境」「用以迴向之法」「迴向者自己」這三者，有如《淨相》當中說的，一切的本質乃是清淨平等，在實相之中進行迴向，嘴裡念誦願文，為了利益一切有情而迴向。如果能以「三輪無緣[11]」進行迴向，這樣的迴向就是無毒的迴向，是殊勝的迴向。如果沒有能力做到這種迴向，那就唸誦「文殊師利勇猛智[12]」，想著「不論是文殊勇士還是普賢菩薩等等，祂們是如何為了有情而迴向的，我也照做而迴向」這樣迴向也是可以的，這稱為「隨順的迴向」。

在下座的後得階段[13]，從入定階段下座而進入後得階段時，內心要觀修無常，如同先前我們提到密勒日巴尊者所說的那樣來修，並且思惟一切有為法不僅無有實義，還有很多過患，是長養貪、瞋、癡的因緣。此外，也要思惟輪迴痛苦本質，像是地獄有

11 中文典籍常作「三輪體空」。

12 這裡是指《普賢行願品》當中的這八句：「文殊師利勇猛智，普賢慧行亦復然，我今迴向諸善根，隨彼一切常修學。三世諸佛所稱歎，如是最勝諸大願，我今迴向諸善根，為得普賢殊勝行。」此八句常作為迴向願文之用。

13 實修可分為座上的入定階段與下座的後得階段。

寒熱之苦，餓鬼有飢渴之苦，畜牲有愚蒙之苦，人有生老病死之苦，阿修羅有鬥爭之苦，而天界有死亡、遷轉、墮落之苦。只要在輪迴之中，沒有不被遍行苦所覆蓋，應當要加以思惟。

以上這幾個偈頌，也可以說都包含了「見、修、行」三者。前面的偈頌有談到見與修，而這個偈頌未嘗不能說是在談「行」的部分。不管要不要貼上這些標籤，反正要這樣實修就對了。

འདི་ལྟར་ཕྱི་རོལ་སྣ་ཚོགས་སྣང་བ་ཀུན།།

如是外在種種一切相，

རྨི་ལམ་སྒྱུ་མ་འདྲ་བར་རྟོགས་བྱས་ནས།།

了悟乃為如夢如幻後，

ཐམས་ཅད་མཉམ་ཉིད་ནམ་མཁའི་ངང་ལ་བཞག།

安住一切平等虛空境，

དགག་སྒྲུབ་མི་བྱེད་ཡིད་ལ་བྱེད་པ་བོར།།

不破不立當捨棄作意，

དེ་ལྟར་སྤྱོད་པས་ཅི་ཞིག་ལྟར་དེ་ཡང་།།

藉由如是行持則如實，

སེམས་ཉིད་སྐྱེ་བ་མེད་ཅིང་འགག་པ་མེད།།

心性乃為無生亦無滅，

རང་བཞིན་གཉུག་མ་གང་ཡིན་མངོན་དུ་འགྱུར།།

本性元始面目將現前。

入定階段就好好入定，後得階段則要觀修、思考無常、輪迴有情的痛苦等等。在後得階段思惟四轉心法是很好的，一切有情並不明瞭所有的顯相乃是如幻如夢般地顯現出來，經歷痛苦也當作是真實的，稍有一點安樂時就看作是恆常而真實存在的，處於這種欺妄的狀態。如果我們透過竅訣而對於「無真實存在」之自性產生定解，自然會對有情生起悲心，悲心就會不由自主生起。同樣地，在了悟大圓滿的實相之理，即是究竟的勝義菩提心後，慈悲心會自然生起。舉例來說，一個不懂事的人把玩具當成很珍貴的東西，當玩具被人拿走或是被丟棄時就會非常痛苦。當一個懂事的人看到這樣的情況，就會產生同情心，心想：「真可憐，他什麼也不懂！根本就不需要痛苦呀！」

我們在做夢的時候並不知道那其實是夢，就會陷入迷亂之中。白天的景象其實跟夢境是一模一樣的。同樣地，幻術師變出幻象時，不明所以的人一看到天空中變出來的種種景象，還以為真有其事。懂的人就會想：「這只是場秀而已，沒有絲毫是真實存在的。」當我們知道外相如幻如夢，自然就不會受到影響。

從「見」的角度，確定了輪迴、涅槃的本性乃是無基離根，在這當中入定。從「行」的角度來說，我們在尚未經歷地、道之前，因習氣所感知到的相仍受制於因果和業力法則，所以應當要細膩地遵循因果，並且要觀修這些相不存在自性、如幻如夢之理，這樣的修練將增長「見」的功力。「見」「行」將會相輔相成，就像敦炯上師在《淨相》裡多處提到不應使「見」「修」二者失衡。

「非真實存在」乃是一切萬法的本性，就有如虛空的本質，而其顯現並不止滅，觀待因緣而成，所以應當審慎處理因緣，斷除一切惡因惡緣，成辦一切善因善緣，如此一來可以得到安樂，斷除苦果。在入定之際，不可有所「破」「立」，也不應思惟剛才所談的無常、如夢如幻等道理，因為那些也都是由妄念而起，應捨棄一切內心作意，在無基離根之實相當中安住，應如此這般修持「見」與「行」，換句話說就是持續無謬地修持入定與後得這兩個階段。

心的本性乃是無生，例如在談「人無我」時，從「生、住、滅」三方面來尋找「人我」卻不可得。談到關於「元始」或是心的究竟實相方面的實修，一開始修就可以進入良好狀態的情形並不多見，大家應該先有好的理解，接著精進實修，之後會發現有的時候狀態很好，有的時候狀態又不好，不要因為一開始的狀態不好就感到氣餒。保持著信心和清淨心，好好無謬修持「見」「行」二者，慢慢就能如理領略實修的要點，也會對自己產生堅固的信心。

不要錯把聽懂道理當成是實修了！它們完全是兩碼子事。你只要看看會不會受到外緣的影響就知道了，如果真的領悟實修扼要、如果已對於心之實相有所掌握，就不會被貪瞋癡這些違緣帶著走了，所有的違緣都會變成助伴，不會受到這些外境因緣的影響。對於「見」有如此程度的把握，就可以稱作是大圓滿的實相了，所謂「元始光明本智」也好，「法身」也好，「心的實相」也好，「如來藏」也好，總之將會現證輪迴、涅槃的實相。以上乃是出自於全知龍欽巴尊者的闡釋，我們應該照著做，這乃是肯定能令證悟在相續中生起的竅訣。

འདི་ལྟར་མཚན་མོ་ཉལ་བའི་ཚེ་ན་ཡང་། །
復次夜晚就寢之時刻，

སེམས་ཉིད་སྐྱེ་བ་མེད་པའི་ཆོས་ཉིད་ལ། །
當於心性無生法性中，

བློ་ཡིས་སྤྲོས་དང་བྲལ་བའི་ངང་དུ་ཞོག །
遠離心思戲論而安住。

這裡提到了夜晚的實修。白天就按照先前所說的，入定和後得兩個階段輪流進行，在後得階段不要浪費時間，如果能夠好好實修，則會現證元始面目。晚上則難免需要睡覺，在睡覺時該如何做呢？身體右臥，右手放在右頰附近，兩腿貼在一起，左手放在左腿上。不要想東想西，而在不散亂、不執取之中安住著。沒有辦法一次到位，這需要訓練，最近有些人想要馬上就進入狀態，結果沒進入狀態就覺得沒用了。

如果是正躺而睡，會使貪脈活躍而導致貪欲上升；如果是趴著睡，與癡連結的不清淨脈會活躍起來；如果是左臥，將使瞋念上升；如果能右臥，則可遠離貪、瞋、癡三毒。在某些情形下，像是掛戴護輪等等，會有男女之別，而在右臥這方面，倒沒有看到男女有別的說法。這是大悲本師佛進入涅槃的姿勢，稱為「獅子臥」，這個姿勢可以關閉三毒之脈，使得種種妄念不得生起，並且打開智慧之脈。

可是各位如果不去實修，那麼講這一堆是沒有任何意義的，只會讓我有洩密之過而已。各位大老遠抽空前來，費盡艱辛，聽不聽得懂我也不知道，不過我分享我懂的東西，無非是希望對各位的實修有所幫助。各位看起來有在做筆記，所以應該是不會忘掉這些內容，問題是如果你不去實修，那這些筆記又有什麼幫助呢？哈哈！也許如果有信心又有發願的話，是會有點幫助吧！

不要有任何造作，也不要有種種思想，不去起各種正面的善念，也不去起各種負面的惡念，也不要落於無記狀態，如果有如實了悟先前所說的心之實相，就安住於那之中，在沒有散亂和執取之中入眠。這樣睡覺有什麼幫助呢？這將讓我們的夜晚也不浪費。剛開始可能會比以前還多夢，會有以前都沒做過的各式各樣的夢，會夢到許多世間瑣事，甚至有時會有令人害怕的夢。當然每個人的身體構造不同，這未必會發生在所有人身上。日以繼夜精進實修，關於世間瑣事的不清淨夢將會慢慢變得越來越少，而清淨的夢會出現，像是夢到自己在好好修行、夢到自己有在好好實修、夢到在上師尊前求得竅訣，乃至有時夢到淨土，凡此種種會夢到很多善夢。

繼續經過實修之後，到了某個階段，夢會越來越少，最後沒有好夢也沒有惡夢，而是認持並保任夢光明，也就是認持夢光明並且安住其中。到了這個時候，白天的覺受也會增長，不會受到煩惱的控制，當夢中的修行達到殊勝境界時，也將可反轉白天的妄覺，這就是所謂的「依夢境決定證量」。當夢光明出現時，睡覺成了實修，起身也成了實修。至於何時會出現這樣的狀態就不知道了，因為每個人的情況不同，這與前世是否有修練、現在是否精進、是否有信心與清淨觀、是否有了悟真實之見等許多面向有關。如果只是隨隨便便裝模作樣，那就完全不會有成果。總之，到了某個階段，夢會消失，而夢光明會出現，這乃是這一生不久之後將會得到解脫的徵相，所以說「依夢境決定證量」。

ཐད་དང་སྣང་བའི་ཚོ་ཡང་སྒྱུ་མ་ལྟར།།

醒來景象亦如幻術般，

རང་བཞིན་མེད་ལ་ཡང་དང་ཡང་དུ་སྟོས།།

無有自性如此一再觀。

ཅི་ཞིག་ལྟར་ཏེ་སེམས་ཉིད་རིན་ཆེན་གཏེར།།

不論如何心性大寶藏，

བསལ་བཞག་མེད་པའི་ངོ་བོ་མཐོང་ནས་ནི།།

觀見無破無立自性後，

སྲིད་པའི་སྡུག་བསྔལ་རྒྱ་མཚོ་རབ་བརྒལ་ནས།།

橫渡輪迴痛苦之大海，

མྱ་ངན་མེད་ཞི་རྟག་དགའ་སྤྲོས་མེ་གླིང་།།

無憂寂靜常樂無戲洲，

སངས་རྒྱས་གོ་འཕང་མཐའ་ཡས་བརྙེས་པར་འགྱུར།།

將得無邊無際之佛果。

在醒來的時候，將一切顯現的萬相看作如幻術師變出的幻象，無有絲毫真實存在。如果有好好生起定解，不只是嘴巴說說而已，則真的會體會到「顯空不二」如水月般的感受。有實修的人就確實會感受到，像全知龍欽巴尊者達到「明覺臻量」的境界時，四大元素便不再是實體存在，就如同水中月一樣，雖現倒影，實際上是水。如果好好知道這些道理，會生起歡喜並且毫無懷疑地想著：「我如果照這樣在道上修持，就必定會得到這樣的成果！」應該如此依著道理來觀察分析，近來很多寧瑪派徒眾說：「不需要觀察分析啦！」入定的時候確實不應觀察分析，那是禪修的時刻。但在「見」上需要加以檢視。大悲本師佛曾說，其他宗派不允許觀察分析，此乃是缺失。佛說過，要觀察分析祂所說的正法，就像要用鍛燒、斬切、摩擦的方式來檢驗金塊是否是真金，他要徒眾去檢視，會有好的收穫，最終會現證究竟實相。

所以我們在探討「見」和後得階段應該要盡力學習，有的人說：「我已經了悟『見』了，我只要實修就好。」但是如果完全不學習，實修是絕對不會有進展的。所以對於以上說的如幻之理，應加以觀察分析。有的人覺得自己已經聽懂了，可是光是聽懂是沒用的。外在的境、內在的心、中間的妙欲，在尚未完全解除把外內中各種事物當作是真實存在的執著之前，就算你的心能稍微靜止，也只是待在無記的狀態，那樣的修行有沒有幫助就不知道了，這樣是無法從輪迴中解脫的。有些人還說：「我們是蓮師的追隨者，我可以做這個做那個。」這樣是完全沒辦法走入解脫道的，有沒有因此而累積一些得以投生善趣的福德資糧就不知道了。

這裡提到要「一再觀」，不要只是觀察一遍以後覺得大概是這樣了，而是要一再觀察，這會產生越來越強的定解，經過這樣的理解，開始進行實修，智慧就會增長，隨著對於實修要點的理解越來越好，智慧也會越來越敏銳。當智慧的力道越來越強時，對於外境的執著就會減少，這是相輔相成的。

心性有如大寶藏，因為它擁有佛身、佛智的體性。這裡提到「無破無立」，就如同《現觀莊嚴論》裡說的：「於彼無所破，亦毫無所立，以真觀真實，見真則解脫。」如果真實看見那遠離破、立的本性，則是真正得以解脫的竅訣，這是顯教裡面就有提到的。如此將可橫渡輪迴大海，得到真正的佛果。到時無有憂愁，那種寂靜並非像聲聞、獨覺那樣落於一邊的寂靜。得到究竟的一切遍智和解脫果位時，所有不淨相都不會再出現，所以稱為「常樂」。如果能夠日日夜夜持續在實修扼要處上修持，則將快速得到無邊無際的佛果。「無邊無際」指的是達到究竟自利，並且以色身無有間斷地利他，直至輪迴盡空。那就不是像我們現在這樣有個善念而已，而是自然能夠如此做到。

བར་སྐབས་རྟོག་པའི་ཆོ་འཕྲུལ་ཅི་བྱུང་ཡང་། །

一時任何妄念把戲現，

གང་ཤར་ངོ་བོ་རང་ཤར་འཛིན་མེད་ལྟོས། །

所現本性自升無執觀，

རྣམ་རྟོག་ངོ་བོ་ཆོས་སྐུའི་རོལ་པར་འཆར། །

妄念本性現為法身戲。

不論一時出現了什麼妄念，要在沒有執著的狀態下觀看那出現的妄念之本質。去觀看妄念的本質有幫助嗎？有的！妄念並非從本以來就是不好的，是由於我們有貪執的緣故而產生煩惱妄念。妄念的本性乃是法身，由於無法了知妄念是法身之扼要處，才變成凡庸的妄念，如果知道扼要處，則它即是法身。

那麼要用什麼方式來理解妄念就是法身呢？在「見」上安住，設定座上時間而進行實修，在那個時候，如果煩惱的妄念出現，不要有任何造作，就像波浪融回水中、虛空融入虛空一樣，妄念與法身會成為不二的本性，這是很重要的竅訣。如果知道這個要點，妄念將會成為法身的遊戲。就如同巴楚仁波切在《椎擊三要》裡面就提到：「妄念多則法身多。」也說妄念就像是法身的食物一樣，妄念越多，越能解脫。為什麼這麼說呢？如果掌握實相的根本，那麼妄念不會強力現起，當妄念又從實相的勢力中升起時，僅僅藉由觀看它的本性，它又會融入勢力中，跟勢力成為無二無別。如此一來，將能增長實修的功力，不會跟在妄念後面走，故不會因此造業。

但是有些人誤解這個道理，把冒出的妄念當成法身而不去管他，但這並不是實修，這樣是會造業的。如果能使妄念解脫，那就是法身，如果沒能解脫，而是跟在妄念後面走，那就是造下罪惡，所以關鍵在於妄念有沒有解脫。而解脫的方法，除了觀看其本性之外，什麼也不需要。凡有妄念升起，無造作地觀其本性，妄念便會消失無蹤，則就叫作法身，也可以說「妄念多則法身多」，或是「妄念即是法身的糧食」。這裡是非常珍貴的竅訣，如果各位能了解的話是很好的。

འགྲོ་དང་འཆག་དང་ལྡང་དང་སྣང་བའི་ཚེ།།

行走飲食起身顯現時，

འགྲོ་བ་འདི་དག་བདག་གིས་དྲང་བྱ་ཞིང་།།

願我接引彼等諸群生，

མགོན་དང་སྐྱབས་དང་དཔུང་གཉེན་གྱུར་ཅིག་ཅེས།།

成為依怙救護及靠山，

བྱང་ཆུབ་སེམས་ལ་ངེས་པར་བློ་བཞག་ནས།།

必令心思沉浸菩提心，

སྤྱོད་ཡུལ་དག་པའི་སྤྱོད་པ་དྲན་བྱ་ཞིང་།།

意念清淨行境之行為，

སེམས་ཅན་དོན་ལས་གཞན་དུ་མི་བསམ་སོ།།

利眾以外不思其他事。

有典籍提到：「不知上師即是佛，不識妄念即法身。」懺悔文當中有提到一樣的意趣。而以上的竅訣乃是大圓滿的特色。

執持所取所捨乃是所有下部乘的走法，近來有些人沒弄懂這些道理，只會嘴巴高談闊論，但事實上，上下部乘確實是有差別的。大圓滿中提到，妄念之外別無法身，如果把妄念當作所要捨棄的對象，要用另一個對治來應付，這就對「所取、所捨」二者有所執取，如此一來，與下部乘就沒有差別了。

不論是在行走、做任何事情，都要對一切有情修菩提心：「我將來要將所有大大小小的有情安置在佛果位。不論他們受到什麼樣的痛苦，願我成為能夠幫助他們的本質！」要如同《入菩薩行論》裡那樣的發願。過去有一位非常博學的格魯派格西，名為瓦芒班智達，還有一位叫阿里格西，是格魯派裡面相當大的格西。瓦芒班智達到了阿里大格西的尊前問起菩提心方面的修行，他問：「您是怎麼修菩提心的呢？」阿里大格西回答：「我依照善知識的教導，漸漸修持要將一切有情從輪迴苦海中救度出來的想法，我有如此發心。」結果瓦芒班智達說：「喔，那你還不懂發心嘛。我並不是這樣修的。一切有情如果想要吃我，我就任憑他們吃；想要穿我，我就任他們穿；想喝我，就任他們喝；想把我當成住所，我就任他們住。不論大大小小的有情想要什麼，我就成為他們所想要的。」他是如此發心廣大。雖然也有人開玩笑跟他說：「那你這樣只能幫到一個有情，沒辦法幫到別的有情呀！」

總之，我們應該發願成為有情所需要的任何事物，發願能夠成為有情的救護者、依怙、靠山，不論他們有什麼樣的苦，發願能夠成為去除他們痛苦之因。一定要如此修持菩提心，恆時依靠正知、正念，不忘卻菩提行。不論何時所造的善，也全都是為了救度一切如父如母的有情。除了這樣的想法以外，不要有其他的想法了。如果有好好實修，到了某個階段確實就會生起這樣的想法。

འདི་ནི་སྙིང་རྗེའི་ལྗོན་ཤིང་ཆེན་པོ་སྟེ།།

此乃所謂悲心之大樹，

ཀུན་མཁྱེན་རྒྱལ་བའི་སྨྱུ་གུ་སྐྱེད་བྱེད་ཡིན།།

能令遍智佛芽生長者。

ཉན་ཐོས་སངས་རྒྱས་འབྲིང་རྣམས་ལས་འདས་ཏེ།།

超越聲聞獨覺中根眾，

ཚད་མེད་ཐུགས་རྗེའི་འོད་ཟེར་རབ་འགྱེད་པའི། །
放射無量大悲之光芒。

ཡོན་ཏན་དཔག་མེད་དུ་མའི་གངས་ཆེན་མཚོ། །
眾多無量功德大雪海，

རྫོགས་པའི་སངས་རྒྱས་ནོར་བུ་འབྱུང་བ་མཚར། །
出現圓滿佛寶甚稀奇，

འདི་ལས་ངོ་མཚར་ཆེ་བ་གཞན་གང་ཡོད། །
豈有其他較此更稀奇。

這裡將悲心比喻為有根的大樹，說悲心也可以，也可以說是究竟的勝義菩提心，可以讓遍智佛芽或是菩薩生長出來。如果得到佛菩薩的果位，勝過聲聞與獨覺。聲聞、獨覺僅只自利，沒有利益有情。而佛與菩薩不僅圓滿自利，在輪迴未空之前都會持續利益有情。

「大雪海」指的是毗盧遮那大雪海，是報身的體性，具有佛身和佛智的功德。據說毗盧遮那佛心間有二十五個淨土脈還是多少脈，而現在這個娑婆世界就在第十三個脈裡面，如今佛法能夠傳揚與此有關，有此一說。總之，從這大雪海會出現圓滿的佛寶，十分神奇，沒有比這個還要更稀奇的事了。

དེ་ཕྱིར་བློ་དང་ལྡན་པའི་སྐྱེ་བོ་རྣམས། །

是故具有聰智之眾人，

བྱང་ཆུབ་ཞི་བ་དམ་པ་སྒྲུབ་པའི་ཕྱིར། །

為能成辦殊勝菩提靜，

ནགས་ཀྱི་ནང་དུ་ངེས་པར་སྒོམ་དུ་གཤེགས། །

必當前往林中而修持。

具有聰智或是緣分的人，也就是有能力如理修持正法的人，為了成辦「殊勝菩提靜」，必須前往森林修行。「殊勝菩提靜」指的就是佛果位。

གལ་ཏེ་འདི་ལ་ཆོས་ཤིག་མ་བསྒྲུབས་ན།།

倘若於此無法修佛法，

ཕྱི་ནས་གར་འགྲོ་བདག་གིས་ཇི་ལྟར་ཤེས།།

自己怎知此後去何方？

ཆོས་ཀྱི་ལམ་དང་དེ་ནས་འཕྲད་པ་དཀོན།།

此後值遇法道幾希矣，

དེ་དུས་བཅོས་སུ་ཡོད་པ་མ་ལགས་ཀྱི།།

彼時無有修改之可能，

ད་ལྟ་ཉིད་དུ་ཆོས་ལ་འབད་དགོས་སོ།།

故應就在當下勤於法。

如果此生沒有利用這個所依身修行佛法，怎麼知道以後會去向何方，只有有把握者才會知道。如果現在沒有好好修持，到時候要值遇佛法之道是很稀少的，除非是過去有良善的習氣，要不然想要修補都很困難，所以應當現在就好好修持圓滿正法。

དེང་འཆི་སང་འཆི་ངེས་པ་སུ་ཡིས་ཤེས།།

今死明死誰能肯定知？

ཡིད་བརྟན་མེད་དེ་འཆི་བདག་ཚུར་ཚུར་འོང་།།

無可信賴死主漸進逼，

འདི་ཉིད་བདག་གིས་བཟློག་པར་ཡང་མི་ནུས།།

吾亦無能遮擋彼死主，

རིངས་པར་རིངས་པར་ནགས་སུ་སྒོམ་དུ་གཤེགས།།

趕快趕快往林中修行。

現在就要修行佛法，不是以為只要喜歡佛法就可以了，必須要修行！而且不只是要修行，更要讓成果能夠顯現出來。為什麼呢？因為壽命是無常的，今天會死還是明天會死，實在沒人知道。由於死期難料、死緣無定，壽命無法令人信賴，死主又像是影子一樣步步前來。我們沒有能力延後死亡，連一分鐘也沒辦法，雖說是有延壽之法，但是壽命仍是在耗竭當中，連一剎那都不停留。所以現在就應該前去修行，讓修行成果得以顯現，要不然以後很難再遇上佛法了。

ནོར་དང་མཛའ་བཤེས་གཉེན་འདུན་སུ་འབྱོར་ཡང་། །
無論誰擁珍寶親近親，

འཆི་བའི་དུས་སུ་ཅུང་ཟད་ཕན་པ་མེད། །
死時無有稍許之助益，

ཆོས་དང་ལྡན་ན་འཆི་ཡང་མི་འཇིགས་ཀྱི། །
若具佛法死亦無畏懼，

རིངས་པར་ཚུར་གཤེགས་ནགས་ཀྱི་ནང་དུ་འདོང་། །
趕快前來安住森林中。

這裡也提到無常。不論擁有如何豐盈的財富、情人、親友，在臨終時，這些一點幫助也沒有，這是我們可以看到的事實。如果具有真實佛法、有進行懺悔罪業、集資淨罪、在相續當中植下良善的習氣，來生也將越來越安樂，這是臨終不會有所畏懼的理由。在了解佛法之中，不要被輪迴世間瑣事散亂，應當前來寂靜山林，好好實修正法。

བདག་དང་གཞན་དང་ཐམས་ཅད་མེད་པའི་དུས། །
自己他人一切之逝去，

རིང་པོར་མི་ཐོགས་ངེས་པར་འབྱུང་འགྱུར་གྱི།
不過太久必定會發生。

ད་ལྟ་ཉིད་དུ་ཆོས་ཤིག་སྒྲུབ་པའི་ཕྱིར། །
為了就在當下修佛法，

ནགས་ཀྱི་ནང་དུ་ངེས་པར་དེངས་པར་བྱ། །
必當朝彼森林中前去。

這個世界總有消失的一天，像是自己、他人和世間一切事物都會遭到「七火一水」的毀滅。撇開世間不談，只談人的話，自己和其他所有人的消逝就顯得容易了。如果談到所有的情器世間，在一劫壞滅之時，會遭到「七火一水」的毀滅，整個世間變成虛空。總之，這些事情不需要太長的時間便會發生。我們雖然覺得還很久，那也只不過是自己的感受而已。為了在當下修持真實佛法，應當前往寂靜山林修行。這些內容之所以一再出現，是因為有重大的意義。

ཚངས་པར་སྤྱོད་པ་མང་དུ་ཐོས་པ་དང་།།

梵淨行持乃至於多聞，

ལེགས་པར་སྒོམ་དང་ནགས་སུ་གནས་པ་དང་།།

善加修行乃至林中住，

དགེ་བ་གོམས་རྣམས་འཇིགས་པ་མེད་པ་ཡིས།།

串習眾善則無有恐懼，

འཆི་བའི་ཚེ་ན་རབ་དགའ་ཐོབ་པར་འགྱུར།།

臨終之際將會得極喜。

དགའ་བའི་རྒྱུ་ནི་ནགས་སུ་གནས་པ་འགྲུབ། །

喜因乃由住林中而成，

དེ་ཕྱིར་ནགས་ཀྱི་ནང་དུ་སྒོམ་དུ་གཤེགས།།

是故當往林中而修持。

梵行者指的是包含比丘在內的出家僧人，在這之上，有聽聞顯、密教法並且善加修持其中義理，長時間待在森林進行實修、串習善法，如果具有以上這所有的功德，則將無有恐懼，臨終之際，將得到極喜地——初地果位。要得到這樣的成果，必須來自其因，如此歡喜之因，乃是由安住在寂靜處所成辦的。既然此乃一切功德的來源，我們應當前往林中實修。

ངེས་པར་བདག་ནི་མེད་པར་འགྱུར་བའི་དུས། །

自己必然逝去之時刻，

སང་ཙམ་འབྱུང་ཡང་སུས་ཤེས་དབང་ཅི་ཡོད། །

若為明天誰又有權知？

འཆི་བའི་ནངས་པར་ཆོས་ལས་སྐྱབས་གཞན་མེད།།

臨終之晨除法無救護。

ཆོས་ནི་སྐྱབས་དང་གནས་དང་དཔུང་གཉེན་ཏེ།།

法乃救護住處及靠山，

ཆོས་ནི་བདེ་འགྲོའི་ཁང་བཟང་སྟོན་པ་ལགས།།

法乃揭示善道之妙屋。

དེ་ཕྱིར་སེམས་ཁྱོད་འཆི་བ་དྲན་ཐོས་ལ།།

是故心兒汝當念死亡，

ནགས་ཀྱི་ནང་དུ་ཆོས་ལ་འགྲོ་དགོས་སོ།།

為修佛法當往林中去。

不論是自己還是他人，明天會不會死是未知的，沒有人能知道，也沒有人有權力可以避免死亡。在死亡之際，縱使是擁有財富、地位、權勢、親戚、朋友的人，也會像從酥油裡拔出的毛一樣獨自離去，甚至連自己珍惜的身體也要捨棄，依著「意幻身」

而行。在那時候，這些事物都不會有幫助，唯一會有幫助的，是我們修行佛法的習氣，這是可以依靠的地方。能夠救護我們的也是佛法，進入佛法之道，了解一切乃是妄覺，自然知道中陰皆是妄覺，於是會向三寶祈求，由於到時候身與心已經分開，透過虔誠的修持，將可輕易解脫，是故法也是住處和靠山。

法讓我們得以越來越安樂，揭示一條通往永恆安樂的道路，就有如一間美妙的房子一樣。我們應當要修持死亡無常，這個提示在此論之中隨處可見，總之在未死之前，應當在寂靜山林當中修持正法。既然除了法之外沒有別的可以帶來助益，我們就應該修行能帶給自己最大利益的佛法，在沒有幫助的事情裡面打轉是沒有意義的。

སེམས་ཀྱིས་སེམས་ལ་ནང་དུ་ཕྲིན་འདི་མཛོད།།

吾心對吾內心寫此信，

དེ་ལ་ཉན་ན་སེམས་ཁྱོད་ཆོས་སུ་ཤིས།།

倘若尚可心汝視作法，

དེ་སྐད་ཕན་པར་སྨྲ་བའི་ངག་འདི་ནི། །
以上所說有益之言語，

སྙིང་ནས་ཡིན་གྱི་སེམས་ཁྱོད་ནགས་སུ་གཤེགས། །
發自肺腑心汝去森林。

此論是全知龍欽巴尊者自己向自心所說，我們也應該理解為要用在自心上面，實修這個關於心之竅訣。如果內容還可以的話，讀者就會如理了知佛法的實情。全知龍欽巴尊者發自內心開示了無錯謬的一切遍智與解脫之道，所以那些希望追求真實之道的人們應當前往森林。還沒前去者應當前去，已經前往者應該在死亡之前都繼續待著。不過，重點並不是要待到死去為止，而是在實修的要點或是實修的把握尚未在相續生起之前，不論你是待在城鎮、山林還是寺院，不要拋棄這些要點並且持續實修。

ནགས་ཚལ་ཀུན་དུ་དགའ་བའི་གཏམ་འདི་ནི།།

名為怡人森林此教言，

ངེས་འབྱུང་ཐར་པའི་ཡིད་ཅན་བསམ་ཡས་པས།།

出離解脫心者桑耶巴，

སེམས་ཉིད་ངལ་བསོའི་རི་བོ་ཡང་རྩེའི་རྩེར།།

心性休息揚澤山峰頂，

སྙིང་ནས་ནགས་སུ་འགྲོ་སྐད་སྐུས་པ་ཡིན།།

策勵由衷前往森林言。

正文的部分大概告一段落了，接著應該是結語的部分了吧，就當作是了。此論裡已講述了寂靜山林的功德，這是由打從心裡對輪迴生起出離心、希求解脫的桑耶巴所寫。全知龍欽巴尊者是在桑耶青朴納格屍陀林的石窟當中圓寂的，在生前即有「桑耶巴」之名，桑耶山谷是他主要的苦修地點。

透過在心性本質上休息、實修，他在相續中生起覺受的山峰上寫下此論，這個山峰指的是不是岡日妥噶我就不清楚了。他認為如果沒有由衷依止寂靜處是不行的，就算了解佛法，但是如果還要一邊從事輪迴瑣事，是沒有辦法成佛的。如果有了解完整的實修要點，依靠寂靜山林來進行實修，會對實修有所把握，成辦自利法身，並且成辦利他的色身。僅憑了解佛法而沒依著寂靜處進行實修，在輪迴當中飄蕩時也許遇上了個大緣，便造下惡業，以前稍微具有的功德減少，說不定就此造下會投生到惡道的因。這是之所以要遠離一切惡境惡緣、依靠寂靜處的原因。

དེ་ལས་བྱུང་བའི་དགེ་བ་གང་ཡོད་དེས།།

凡是由此所生之諸善，

འགྲོ་ཀུན་འཁོར་བའི་གྲོང་ལས་ཡིད་བྱུང་ནས།།

願諸眾生心厭輪迴城，

རྣམ་མཁྱེན་ཐར་པའི་ནགས་འདབ་ཉམས་དགའ་བར།།

而於遍智解脫美妙林，

ཕྲུམ་གཅིག་ཉིད་དུ་ཐམས་ཅད་གྲོལ་བར་ཤོག།

一切眾生一同得解脫。

這個部分是全知龍欽巴尊者將著作此論的善根迴向眾生，也可以說是他將過去、未來、現在所有實修的善根迴向給眾生。有所謂的迴向和發願兩件事，迴向是需要有用來迴向的善根，依著善根來發願則會使願望實現，這是兩件事。全知龍欽巴尊者發願藉著由此所生的一切善根，使眾生心厭輪迴城，進而成為眾生得到解脫的因，這裡的「輪迴城」指的是六道輪迴。

這裡再次提到了森林，指的是究竟的永恆之樂，即是佛地。藉著這份善根，願一切如母有情能在永恆的安樂之中得到解脫，願這份善根成為使地獄有情從寒熱之苦解脫出來的因、使餓鬼從飢渴之苦解脫出來的因、使畜牲從愚蒙之苦解脫出來的因、使人類從生老病死之苦解脫出來的因、使阿修羅從鬥爭之苦解脫出來的因、使所有天界有情從死亡遷轉墮落之苦解脫出來的因。

ནགས་ཚལ་ཀུན་ཏུ་དགའ་བའི་གཏམ། མང་དུ་ཐོས་པའི་སྙན་ངགས་མཁན་དཔལ་ལྡན་བསམ་ཡས་པ་ངག་གི་དབང་པོས།
རི་བོ་ཡང་རྩེའི་རྩེར་འཁོར་བའི་གནས་ལས་ངེས་པར་འབྱུང་བའི་ཚེ་སྦྱར་བའོ། དགེའོ། །དགེའོ། དགེའོ།། །།

《怡人森林教言》乃由多聞詩人巴登桑耶巴阿格旺波，對輪迴生起出離心之際，於揚澤山頂寫下。善哉！善哉！善哉！

接下來是著作的後註，此論名為《怡人森林教言》，論中闡述具足一切功德的森林或是寂靜處，可以稱之為教言，也可說是竅訣。「多聞」指的是聽聞了所有顯、密教法和一般學科，不僅是無所不聞，對於詩韻、修辭、文法等各方面也無所不曉。「巴登」（意為具足豐饒）是指此生實修究竟，成辦自利法身，且以色身利益眾生，具足此等二利之豐饒功德。桑耶是個聖地，他在此聖地修行，所以名為「桑耶巴」。「阿格旺波」（意為語自在）指的是博學善言，不論要講述什麼內容，在講、辯、著三方面都無礙自在，這也是他的功德。他在揚澤山頂這個聖地寫下此論，這是不是「岡日妥噶」雪山我並不清楚，不知道是哪一座山的山頂。

他是在安住在山頂時，對輪迴深感出離。其實他對於六道輪迴的出離心早已究竟了，相續當中也當然有救度一切有情的菩提心。一切有情把「無」當作「有」，把「苦」當成「樂」，他深覺不能不尋找方法來讓有情從這種狀態脫離出來。儘管他是全知龍欽巴尊者，也沒有馬上就能掏空六道輪迴的方法，除了開示佛法以外，沒有其他方法了，如果能夠依照此道來修行，將可以解脫。於是他在當時著作了此竅訣，裡面詞句少而義理皆備。

最後的三個「善哉」指的是初善、中善與後善，全知龍欽巴尊者大部分著作都有加上這個。

最後的即席開示

三七二十一天的傳法行程，大概要在此畫上句號了。[14] 在這段時間，我講述了《淨相》，我不懂的地方就沒辦法了。除此以外，還講述了全知龍欽巴尊者的零星論著，全部加在一起是很好的內容對吧？我是把我懂的都講出來了，我也不是什麼了不起的學者，沒辦法確定是不是百分之百有針對裡面的內容做了解釋，但是我想大致上有解釋到吧。

我沒有為了怕洩密而有所保留，各位全都不辭辛苦大老遠跑來，有些人還把工作先放在一邊，既然大家這麼想要聽法，我也盡我所能地講解了。[15] 所以希望各位也要不辭辛苦將自己所聽懂的部分，不管是大是小，都要拿來實修。實修要持續進行，不要荒廢。

我並不知道各位有沒有像《怡人森林教言》裡所講的那樣，

---

14 格澤仁波切這一趟在新墨西哥州傳法約三週的時間，主要傳授的法門是敦炯林巴的竅訣——《淨相》。三週中的最後一週，他傳授了《三十忠告論》與《怡人森林教言》兩篇龍欽巴尊者的著作。其中，《怡人森林教言》是在最後四天所傳授。本章收錄的開示是他在講述完《怡人森林教言》後的即席開示。

15 參加完整傳法者約為十五至二十人左右。這個道場地處偏遠，基本上就是空曠無人的地帶，也就是英文中常形容的「in the middle of nowhere」，不僅距離最近的機場有三小時左右的車程，距離最鄰近的、可以採買物品的小鎮也需要一個小時左右的車程。格澤仁波切前後多次來到這個道場，向為數不多的弟子們傳授從前行到最深奧的大圓滿竅訣，對於弟子人數多寡從不在意，不論在此停留傳法多久時間，從不收道場供奉的金錢。二〇一〇年在此停留其間，格澤仁波切在午餐時間突然交代弟子在他圓寂之後，要將他的紀念塔建於此地。連塔的大小、所需安奉的佛像（紅度母）都鉅細靡遺交代。這座塔在格澤仁波切圓寂五年後的二〇二三年建造完成，內奉他的遺骨。

具足前往寂靜山林的福分，我想也許沒有福分的人是占多數的。儘管如此，就算是住在城鎮裡面，仍有修行佛法的方法，要讓別人看到你，會有「喔，此人應是位內道佛教徒」的想法。像是上至顯露對於三寶的虔敬、下至流露出對有情的悲心、對十惡的斷捨、對十善的奉行等等，這些都是我們平常應該要做到的。如果在城鎮就胡作非為，像是抽菸、喝酒等等做這些沒有意義的事情，只會讓自己生病、心思瘋癲、糟蹋自己健康，這種行為不僅稱不上宗教，連從世俗角度來看都是沒有意義的。這些行為不僅對自己沒幫助，反會成為引發很大傷害的因素。應該要思考這個內容，就算你有心要修行，仍有可能因為放逸而造成很大的障礙。

就有如經論中所說：「依循善惡念，善惡如影隨。」身為釋迦牟尼佛的追隨者，就算沒辦法利益到一切有情，也不可去傷害他們，我們需要立下如此的好誓願。在這個時代，能這樣做就相當了不起了。這是很好的事，是我們應做的。求了大圓滿的法，然後自己內心連一點菩提心的影子都沒有，那就真的枉費這一切了。如果有能力進行實修當然很好，所謂的時間，肯定是會有的。如果是個勤奮的人，雖然上下午需要上班工作，這中間肯定會有一點小空檔，特別是清晨和晚上這兩個時段，對於有興趣修行的人來說，不論是透過實修或是課誦，都有留下良好習氣的時機。就如同我們先前講過的，就算你只有短短的時間，可是每天這樣累積一年下來，就變成很大的善根了。

請大家常常如此思惟佛法，不論是自己還是他人，除了死亡以外沒有別的去處了，臨終之際，除了佛法以外，什麼也不會帶來助益。現在如果能夠植下良善的習氣，將會感得樂果。我們全都是想要快樂，沒人想要痛苦，如果能夠利益他人，這就是了不起的菩提心，而自私自利也就沒什麼好說了。

各位不辭辛勞，大老遠前來，也花費不少經費，我沒有亂講一通，而是根據自己懂的東西來謹慎講解，也請各位別辜負我們共同的努力，如果能夠實修，這就是能夠利益自他的好事，沒有比這個還令我更高興的事了。

我身為一個上師本該傳法，講述佛法是履行上師之責，但是講完佛法而各位卻不去實修，上師的目的就無法達成，如果傳法沒有成為實修的因，那就只是白費工夫而已。我不是為了錢財而來，我不是圖你們給我錢才跑來的，我是因為你們要我傳法，我才來的。所以，我有盡我所能好好地講解，各位如果有實修佛法，那大家的目的就達到了，你們也得到利益，我的目標也成功了，我的主要目標就是這個。

談到自利，除了好好利用自己的身體以外，其他方法都是有困難的，如果能夠利用身體來植下好的習氣，不論成不成佛，我們都會持續越來越好。如果沒有好好留下良善習氣，那就會難上加難，所以請大家盡力實修佛法。我所說的這些內容，以百分比來說，我想你們也懂了一半吧，我看各位都有在做筆記，可是如果寫筆記寫了半天，一離開這邊就把筆記放在一旁，那就完全沒有幫助，應該要常常複習。我是依照殊勝上師們的教言，謹慎地為你們講說。請大家依照這樣來修行，莫使荒廢。

各位身為修行人，大家應該要和睦相處，彼此和睦、戒律清淨乃是修行人該有的本色，這是真正重要的事，也是佛教真正的心要。所謂和睦，就算無法互相幫忙，也絕不可傷害彼此，具備想要利益的心就可以了。所謂戒律清淨，以別解脫戒來說，有許多不同種類的居士戒，另外就是菩薩戒，不論受了什麼戒都要清淨持守。而大家都得過灌頂，也要時常檢視自己的三昧耶誓言，莫令衰損。一旦違犯了，就要唸百字明咒，如果每天能唸一百零八遍百字明咒，則漸漸自然能淨化三昧耶誓言，如果犯了根本墮也能夠清淨。但是如果拖得太久，到時候想懺悔也沒用了，除了地獄以外別無去處，這也要請大家放在心上。

這是我好意的提醒，請大家放在心上。除此以外，我沒有別的要多說了。我們今天提早講完了，所以我就說了這些把它拖長一點，哈哈哈！

格澤仁波切極簡自傳

簡述在下之生平。在兩個層面中，先談人世層面。自幼至二十歲之間，極為困苦，僅少許樂。二十歲到四十歲之間，苦樂參半。四十歲到六十歲之間，喜樂較大，僅感少許痛苦。而從現在到死亡之前又會如何，我說不準。

再談正法層面。自幼至二十歲之間，與惡相比，僅有微小善。二十歲到四十歲之間，善惡彷彿相等。四十歲到六十歲之間，善力強大，惡力較小。從今直到死亡之前，盼望盡做善行，小惡亦不做。

阿嘉止氏族裔，果洛拉嘉第十五代——果洛局美登巴蔣參——於一邊荒地帶有感而發。

༄༅། །དབེན་པ་ལ་སྤྲོ་བའི་སྨོན་ལམ་ཞེས་བྱ་བ་བཞུགས་སོ།

愛好寂靜祈願文

噶陀格澤法王　著

༈ ན་མོ་གུ་རུ་མཉྫུ་ཤྲཱི་ཡེ།།

拿摩咕如曼祖師利耶

敬禮上師文殊師利尊

ཉམ་ཆུང་ཡིན་ཡང་དགྲ་ལས་རྒྱལ།།

孃穹因陽札雷給

雖然貧弱卻勝敵

སྡིག་ཆེན་བསགས་ཀྱང་སྒྲིབ་གཉིས་དག།

底千薩江只尼塔

雖造大惡淨二障

ཚེ་གཅིག་སངས་རྒྱས་སར་བཞེགས་པ།།

冊計桑傑薩些巴

即生臻達佛果位

མི་ལ་རས་པས་བྱིན་གྱིས་རློབས།།

米拉日北琴己婁

密勒日巴賜加持

མི་མེད་ལུང་པའི་དབེན་གནས་སུ།།

迷沒隆北溫內素

無人地帶寂靜處

རང་བྱུང་རྡོ་ཡི་ཁང་བཟང་དུ།།

壤穹斗以康桑土

天然石造房宅中

གཅིག་པུར་ཆོས་ལ་གཞོལ་ནུས་ན།།

計不卻拉學女那

若能獨自修持法

བསམ་དོན་མཐར་ཕྱུག་འགྲུབ་པ་ཡིན།།

散屯它土竹巴因

成辦究竟所願事

པར་ལ་སྟོས་པའི་དཔོན་མེད་པར།།

帕拉對北奔沒巴

放眼望去無主人

ཚུར་ལ་སྟོས་པའི་གཡོག་མེད་པར།།

粗拉對北右沒巴

環顧此處無僕從

རང་ལ་རང་དབང་ཡོད་པ་ཡི།།

壤拉壤汪月巴以

自由在自己手中

གཅིག་ཕུ་དབེན་པ་བརྟེན་ནུས་ཤོག།

計不溫巴登女秀

願能獨自依靜處

སྐྱོང་རྒྱུའི་མཉེན་ཚན་མེད་པ་དང་།།

罔句年參沒巴倘

既無所需守護親

འདུལ་རྒྱུའི་དགྲ་བོ་མེད་པ་དང་།།

堵句札沃沒巴倘

亦無所需降伏敵

ཆགས་སྡང་ཡུལ་ཀུན་བྲལ་བ་ཡི།།

洽當於袞車瓦以

遠離一切貪瞋境

གཅིག་པུ་དབེན་པ་བརྟེན་ནུས་ཤོག།

計不溫巴登女秀

願能獨自依靜處

མཛེས་གོས་ཞིམ་ཟས་མ་རྙེད་ཀྱང་།།

則奎行色瑪捏江

雖無美食曼妙衣

འཁྱག་ལྟོག་སྐྱོབ་ཙམ་ཚོག་ཤེས་དང་།།

洽豆就贊求些倘

免挨餓凍便知足

ངེས་འབྱུང་སྙིང་རུས་བསྐྱེད་པ་ཡི།།

厄岡寧入戒巴以

生起出離心意志

གཅིག་པུ་དབེན་པ་བརྟེན་ནུས་ཤོག།

計不溫巴登女秀

願能獨自依靜處

གར་སོང་འདྲི་མི་མེད་པ་དང་།།

卡送只迷沒巴倘

無人過問去何方

འདིར་འགྲོ་གཏད་སོ་མེད་པ་རུ།།

狄州德薩沒巴如

來往何處無觀待

རུས་གོང་དཀར་པོ་མ་འཐོར་བར།།

如剛嘎波瑪投瓦

白骨髓液離散前

གཅིག་པུ་དབེན་པ་བརྟེན་ནུས་ཤོག།

計不溫巴登女秀

願能獨自依靜處

བརྩུན་པའི་བཟང་རྗེས་མ་ཟིན་ཀྱང་།།

尊北桑結瑪森江

雖無攝善戒士行

ལས་ངན་ཁྱིམ་ཐབས་སྤང་བཞིན་དུ།།

雷恩欽它邦行土

然能斷除惡業家

དཀོར་ངན་ཟས་ལ་མི་རེ་བར།།

勾恩色拉米惹瓦

不求食用惡信財

གཅིག་པུ་དབེན་པ་བརྟེན་ནུས་ཤོག།

計不溫巴登女秀

願能獨自依靜處

མཁས་པའི་སྙན་གྲགས་མ་ཐོབ་ཀྱང་།།

克北年札瑪投江

雖無得獲智者譽

བླུན་པོའི་འདོད་དབང་མ་ཤོར་ནས།།

輪北對汪瑪秀內

然不受制愚夫欲

རྒྱུ་འབྲས་སྤང་བླང་མ་འཛོལ་བར།།

岡這邦郎瑪最瓦

因果取捨不錯謬

གཅིག་པུ་དབེན་པ་བརྟེན་ནུས་ཤོག།

計不溫巴登女秀

願能獨自依靜處

སྒྲུབ་པའི་རྟགས་མཚན་མ་ཐོན་ཡང་།།

竹北大參瑪屯陽

修行雖無出驗相

རྫུན་པའི་རྐྱབ་རྫོལ་མ་བྱུང་ནས།།

尊北固對瑪穹內

不做偷騙欺詐事

ཡང་དག་ཆོས་པའི་རྗེས་ཞུགས་ཏེ།།

洋大卻貝結許德

追隨清淨修法人

གཅིག་པུ་དབེན་པ་བརྟེན་ནུས་ཤོག།

計不溫巴登女秀

願能獨自依靜處

སྐྱིད་པའི་བླ་བྲང་མ་འགྲུབ་ཀྱང་།།

計貝拉張瑪竹江

雖無舒適上師宅

སྡུག་པོའི་རྣམ་སྨིན་མི་ཁུར་ནས།།

堵波南明米枯內

然無荷擔惡果報

ཞེན་འཛིན་འཆང་བས་མ་བཅིང་བར།།

先增強為瑪金瓦

不被貪執所束縛

གཅིག་པུ་དབེན་པ་བརྟེན་ནུས་ཤོག།

計不溫巴登女秀

願能獨自依靜處

ཚེ་འདིར་ནོར་གྱིས་མ་ཕྱུག་ན།།

冊迪諾己瑪秋那

此生於財若不富

ཕྱི་མ་ཆོས་ཀྱིས་མི་དབུལ་བས།།

企瑪卻己米屋為

來世於法不匱乏

མི་ཚེ་ཆོས་ལ་དྲིལ་བ་ཡི།།

米冊卻拉尺瓦以

一生致力於法中

གཅིག་པུ་དབེན་པ་བརྟེན་ནུས་ཤོག།

計不溫巴登女秀

願能獨自依靜處

འཁོར་དང་སློབ་མ་མ་མང་ཡང་།།

扣倘婁瑪瑪芒陽

眷屬徒眾雖不多

འདུ་འཛིས་གཡེང་བ་ཀུན་བྲལ་ནས།།

堵自岩瓦袞車內

遠離諸紛擾散亂

བསམ་དོན་ཆོས་ལ་གནས་བཞིན་དུ།།

散屯卻拉內行土

所思安住於法中

གཅིག་པུ་དབེན་པ་བརྟེན་ནུས་ཤོག།
計不溫巴登女秀
願能獨自依靜處

མཉེན་གྲོགས་རེ་འདོད་མ་གང་ཡང་།།
年丑惹對瑪扛陽
雖不滿足親友欲

འབྲེལ་ཚད་དོན་མེད་མི་འགྱུར་བའི།།
折冊屯沒明局為
凡有結緣非無義

ཡང་དག་སྨོན་ལམ་འདེབས་བཞིན་དུ།།
陽大門藍德行土
為彼發下淨願中

གཅིག་པུ་དབེན་པ་བརྟེན་ནུས་ཤོག།
計不溫巴登女秀
願能獨自依靜處

མཚུངས་མེད་བཤེས་གཉེན་མཆོག་རྣམས་ཀྱིས།།

勿沒些年秋南己

無比殊勝善士眾

ཞལ་ལུང་བདུད་རྩིའི་གསོས་པ་ཡི།།

些隆堵自隨巴以

言教甘露滋養我

བཀའ་དྲིན་སྙིང་ནས་དྲན་བཞིན་དུ།།

嘎真寧內臣行土

心中憶念彼等恩

གཅིག་པུ་དབེན་པ་བརྟེན་ནུས་སོག།

計不溫巴登女秀

願能獨自依靜處

བླ་མེད་ཁྱབ་སྤེལ་མ་ནུས་ཀྱང་།།

拉美洽北瑪女江

無力傳揚無上法

གསང་སྔགས་བཀའ་ཆད་མ་བྱུང་ནས།།

桑州嘎切瑪穹內

然無洩密受懲治

ཆོས་བརྒྱད་འཁྲུལ་སྣང་གྲོལ་བཞིན་དུ།།

卻給出囊垂行土

解脫八法妄相中

གཅིག་པུ་དབེན་པ་བརྟེན་ནུས་ཤོག།

計不溫巴登女秀

願能獨自依靜處

ལྟ་བ་མཐོ་མཐོ་མེད་ན་ཡང་།།

大瓦投投沒那陽

縱使沒有高高見

འཁོར་འདས་ཆོས་སྐུས་ཡོ་ལང་དུ།།

扣德卻固由浪土

輪涅乃為法身現

གོ་བ་རྣལ་མར་གནས་བཞིན་དུ།།

口瓦內瑪內行土

明白真義安住中

གཅིག་པུ་དབེན་པ་བརྟེན་ནུས་ཤོག།

計不溫巴登女秀

願能獨自依靜處

སྒོམ་པ་ཟབ་ཟབ་མེད་ན་ཡང་།།

共巴撒撒沒那陽

縱使沒有深深修

གཏད་འཛིན་བྱེད་རྩོལ་ཀུན་སྤང་ནས།།

德增切最袞邦內

斷除執著諸勤作

རང་བབས་གཉུག་མ་སྐྱོང་བཞིན་དུ།།

壤巴紐瑪冏行土

保任自然原始中

གཅིག་པུ་དབེན་པ་བརྟེན་ནུས་ཤོག།།

計不溫巴登女秀

願能獨自依靜處

སྤྱོད་པ་ཛམ་ཛམ་མེད་ན་ཡང་།།

決巴昂昂沒那陽

縱使沒有妙妙行

རང་གྲོལ་རིག་པའི་གནད་ཤེས་ནས།།

壤垂日北內先內

了知自脫明覺要

རྣམ་རྟོག་གཞན་དབང་མ་ཤོར་བཞིན།།

南斗先汪瑪秀行

不被妄念他力轉

གཅིག་པུ་དབེན་པ་བརྟེན་ནུས་ཤོག།།

計不溫巴登女秀

願能獨自依靜處

འབྲས་བུ་མཛེས་མཛེས་མེད་ན་ཡང་།།

折不則則沒那陽

縱使沒有美美果

འཁྲུལ་སྣང་སྐྱེ་འཇིག་ཀུན་བྲལ་ནས།།

出囊各計哀車內

遠離諸妄念生滅

བར་དོའི་རང་སྣང་ཤེས་བཞིན་དུ།།

帕斗壤囊先行土

了知中陰自顯中

གཅིག་ཕུ་དབེན་པ་བརྟེན་ནུས་ཤོག།

計不溫巴登女秀

願能獨自依靜處

མདོར་ན་ཤི་མཐར་ཐུག་གི་བར།།

斗那細它土己帕

總之直至死亡前

གཅིག་ཤེས་ཀུན་གྲོལ་སྐྱོང་བཞིན་དུ།།

計些袞垂阿行土

保任「一知全解」中

གཞན་ཕན་བསམ་པ་མི་འདོར་བར།།

先盆散巴明斗瓦

不棄利他之心思

གཅིག་པུ་དབེན་པ་བརྟེན་ནུས་ཤོག།

計不溫巴登女秀

願能獨自依靜處

ཅེས་སྤྲང་འཁྱམས་པ་རིག་འཛིན་འགྱུར་མེད་བསྟན་པ་རྒྱལ་མཚན་ནས་སྨྲས་པ་དགེ་འགྱུར་ཅིག། སརྦ་མངྒ་ལམ།། །།

此乃遊乞者持明局美登巴蔣參所說。願成善。一切吉祥！

丹增暐傑譯於二〇一八年，復於二〇二三年中秋修譯。願一切如母有情，身處寂靜，心無罣礙，萬里無雲。

༄༅། །ཐའི་ཝེན་རྒྱལ་བསྟན་དར་རྒྱས་སྨོན་ལམ།

台灣佛教廣傳祈願文

噶陀格澤仁波切　著

ན་མོ་གུ་རུ་མཉྫུ་ཤྲཱི་ཡེ།།

拿摩古如曼祖西立耶

皈依上師文殊師利尊

ཀ་དག་སྤྲོས་བྲལ་ཆོས་སྐུའི་ཀློང་ཡངས་ལས།།

嘎大椎車卻固隆揚雷

本淨離戲法身廣界中

ལྷུན་གྲུབ་གཟུགས་སྐུ་མཚན་དཔེའི་དཔལ་འབར་བ།།

倫珠素固參貝杯把哇

任運色身相好極莊嚴

ཐུགས་བརྩེའི་སྤྲིན་ལས་ཆོས་ཆར་འབེབས་མཁས་པ།།

土則真雷卻洽北克巴

從慈悲雲善霖法雨者

ཐུབ་དབང་ལྷ་མིའི་སྟོན་མཆོག་སྙིང་དབུས་རོལ།།

土汪拉密敦秋寧玉若

天人聖師釋尊住吾心

མཐིང་འཛིན་མ་གུ་ར་ཡི་སྲུང་གུར་དབུས།།

停增瑪古拉以松古玉

蔚藍佛母海籬護幕中

མཛེས་སྡུག་ཕུན་སུམ་ཚོགས་པའི་དོ་ར་ཏུ།།

則堵盆松湊北投拉如

美麗豐饒圓滿舞台上

ལུགས་གཉིས་སྡེ་བཞིའི་དཔལ་ལ་ལོངས་སྤྱོད་པས།།

路尼得席杯拉隆決北

歡享二軌四部之吉祥

གླིང་འདིར་རྒྱལ་བསྟན་སྙིང་པོ་དར་རྒྱས་ཤོག།

玲迪給燈寧波塔給秀

祈願佛教精華傳寶島

བློ་སྣ་ཆོས་ལ་བསྒྱུར་བའི་མན་ངག་གནད།།

樓那卻拉局為門阿內

將心轉向佛法竅訣要

དལ་འབྱོར་རྙེད་དཀའ་ཚེ་ལ་རྟག་པ་མེད།།

騰久捏嘎冊拉大巴沒

暇滿難得壽命無恆常

འཁོར་བ་སྡུག་བསྔལ་ལས་འབྲས་རབ་བསྲུངས་ནས།།

扣哇堵厄雷折拉松內

輪迴是苦善守業果後

གླིང་འདིར་རྒྱལ་བསྟན་སྙིང་པོ་དར་རྒྱས་ཤོག།

玲迪給燈寧波塔給秀

祈願佛教精華傳寶島

ཡང་དག་ཆོས་ལམ་འགྲོ་བའི་རིམ་པ་ནི།།

揚大卻蘭卓為仁巴尼

行持清淨法道之次第

དཀོན་མཆོག་སྐྱབས་འགྲོ་བྱམས་དང་སྙིང་རྗེ་དང་།།

袞秋加卓強倘寧皆倘

皈依三寶慈心與悲心

ཚོགས་གཉིས་བསག་དང་སྒྲིབ་གཉིས་སྦྱོང་བ་ཡིས།།

湊尼薩倘直尼江瓦以

依由積集二資淨二障

གླིང་འདིར་རྒྱལ་བསྟན་སྙིང་པོ་དར་རྒྱས་ཤོག།

玲迪給燈寧波塔給秀

祈願佛教精華傳寶島

འགལ་རྐྱེན་ཀུན་སེལ་བླ་མའི་རྣལ་འབྱོར་དང་།།

給間袞色拉昧南久倘

違緣盡除上師瑜伽法

སྨྱུར་ལམ་འཕོ་བའི་མན་ངག་ཉམས་ལེན་སོགས།

紐蘭頗為門阿娘冷叟

實修捷徑頗瓦竅訣等

འཆི་ཚེ་ཐར་ལམ་ཐོབ་པའི་གདེང་ལྡན་པས།།

企冊它蘭透北登點北

具備臨終解脫之把握

གླིང་འདིར་རྒྱལ་བསྟན་སྙིང་པོ་དར་རྒྱས་ཤོག།

玲迪給燈寧波塔給秀

祈願佛教精華傳寶島

མ་དག་འཁྲུལ་སྣང་དག་པར་དབང་སྒྱུར་བའི།།

瑪塔出囊塔巴汪局為

轉化不淨妄相成清淨

རིག་སྟོང་རང་མདངས་ལྷ་སྔགས་ཆོས་སྐུའི་ངང་།།

日冬攘當拉阿卻固昂

覺空本澤天咒法身中

རྩ་ཐིག་རླུང་གསུམ་བདེ་སྟོང་གྲོགས་ཤར་བས།།

匝替隆松德冬抽下為

氣脈明點現為樂空伴

གླིང་འདིར་རྒྱལ་བསྟན་སྙིང་པོ་དར་རྒྱས་ཤོག།

玲迪給燈寧波塔給秀

祈願佛教精華傳寶島

རིག་སྟོང་ཀ་དག་རང་ངོ་ཤེས་པ་དང་།།

日冬嘎大攘喔現巴倘

識得覺空本淨真面目

དག་དང་མ་དག་རྩལ་སྣང་ཐག་ཆོད་ནས།།

塔倘瑪塔則囊踏卻內

斷定淨不淨均妙力顯

རང་གྲོལ་རེ་དོགས་བྲལ་བའི་གདེང་ཐོབ་པས།།

攘卓惹投車為登透北

自解遠離得失獲把握

གླིང་འདིར་རྒྱལ་བསྟན་སྙིང་པོ་དར་རྒྱས་ཤོག།

玲迪給燈寧波塔給秀

祈願佛教精華傳寶島

ཤེས་རབ་རང་བྱུང་སྒྲོན་མེའི་རང་མདངས་ལས།།

謝拉攘穹准美攘當雷

從彼自生慧燈之本澤

དབྱིངས་ཐིག་རིག་གསུམ་འཛིན་པས་མ་བཅིང་བར།།

英替日松增北瑪京巴

不被執著界點覺束縛

ཡང་གསང་བླ་མེད་ཉམས་སུ་ལེན་མཁས་པས།།

揚桑拉昧娘素冷克北

憑藉專精實修無上祕

གླིང་འདིར་རྒྱལ་བསྟན་སྙིང་པོ་དར་རྒྱས་ཤོག།

玲迪給燈寧波塔給秀

祈願佛教精華傳寶島

ཙི་ནའི་ཡུལ་འཁྲུངས་ཐང་སེན་བླ་མ་ཡིས།།

自內余沖唐僧喇嘛以

出生漢土祖師唐玄奘

རླབས་ཆེན་ཐུགས་བསྐྱེད་དམ་བཅས་འཕགས་ཡུལ་སྐྱོད།།

拉千土介坦介帕余決

偉大發心誓願赴聖域

དཀའ་བ་སྤྱད་ནས་མཁས་པ་ཐུལ་ཕྱིན་བཞིན།།

嘎哇介內克巴菩慶行

效其苦行成為勝學士

གླིང་འདིར་རྒྱལ་བསྟན་སྙིང་པོ་དར་རྒྱས་ཤོག།

玲迪給燈寧波塔給秀

祈願佛教精華傳寶島

གནས་བརྟན་ཆེན་པོ་འཕགས་པ་འོད་སྲུང་སོགས།།

內登千波帕巴維松叟

羅漢聖者迦葉長老等

གཏད་རབས་བཞིན་དུ་བསྟན་པ་འཛིན་མཁས་པའི།།

德拉行土登巴增克北

代代相傳如是持聖教

བསླབ་གསུམ་རྒྱན་འཆང་ངུར་སྨྲིག་འཛིན་པ་ཡིས།།

拉松堅強舞密增巴以

執持三學莊嚴披僧袍

གླིང་འདིར་རྒྱལ་བསྟན་སྙིང་པོ་དར་རྒྱས་ཤོག།

玲迪給燈寧波塔給秀

祈願佛教精華傳寶島

གངས་ལྗོངས་ཐུབ་པའི་ལུང་དུ་བསྟན་པ་བཞིན།།

扛炯土杯隆土登巴行

雪域如同釋尊所授記

སྤྱན་རས་གཟིགས་དབང་ཐུགས་བསྐྱེད་དམ་བཅའི་མཐུས།།

堅惹息汪土介坦介替

由於觀音發心誓願力

ཆོས་རྒྱལ་ཟུང་གིས་ནམ་ལང་ཉི་ཤར་ལྟར།།

卻給松己南郎寧下搭

如二法王[16]破曉日升般

གླིང་འདིར་རྒྱལ་བསྟན་སྙིང་པོ་དར་རྒྱས་ཤོག།

玲迪給燈寧波塔給秀

祈願佛教精華傳寶島

ཇོ་བོ་གསེར་གླིང་པ་ཡི་ཐུགས་ཀྱི་སྲས།།

求窩色林巴以土己色

至尊金洲大師之心子

འཕགས་ཡུལ་མཁས་གྲུབ་ཐུལ་ཕྱིན་ཨ་ཏི་ཤས།།

怕余克竹菩慶阿底謝

聖域學修卓越阿底峽

བཀའ་གདམས་བསྟན་པ་སྒྲོན་མེ་སྦར་བ་བཞིན།།

嘎當登巴准美巴瓦行

如彼點燃噶當教法燈

16 松贊干布和赤松德贊二王。

གླིང་འདིར་རྒྱལ་བསྟན་སྙིང་པོ་དར་རྒྱས་ཤོག།

玲迪給燈寧波塔給秀

祈願佛教精華傳寶島

ལྷོ་བྲག་མར་པའི་བཀའ་བཞིན་བསྒྲུབ་མཛད་པས།།

樓札瑪杯嘎行竹則北

依奉南岩瑪爾巴教修

བསྒྲུབ་བརྒྱུད་བསྟན་པའི་གསེར་གྱི་རྒྱལ་མཚན་འཛིན།།

竹句登杯色己根參增

執持修傳教法金勝幢

མི་ལ་རས་པ་ཚེ་འདིར་གྲོལ་བ་བཞིན།།

米拉日巴冊迪卓瓦行

密勒日巴即生解脫般

གླིང་འདིར་རྒྱལ་བསྟན་སྙིང་པོ་དར་རྒྱས་ཤོག།

玲迪給燈寧波塔給秀

祈願佛教精華傳寶島

ས་སྐྱ་ཞེས་བྱ་ས་སྟེང་གྲགས་པས་ཁྱབ།།

薩迦些洽薩登查北洽

薩迦宗派名聲遍大地

གངས་ལྗོངས་ལུགས་གཉིས་སྣར་ཡང་དར་རྒྱས་མཛད།།

扛炯路尼拉揚塔給則

復將雪域二軌廣弘傳

མཁས་པའི་དབང་པོས་ཕྱོགས་ཀུན་ཁྱབ་པ་བཞིན།།

克杯汪波秋袞洽巴行

如彼智士廣遍十方般

གླིང་འདིར་རྒྱལ་བསྟན་སྙིང་པོ་དར་རྒྱས་ཤོག།

玲迪給燈寧波塔給秀

祈願佛教精華傳寶島

འཁོར་ལོ་ཐ་མ་བླ་མེད་དུས་འཁོར་གྱི།།

扣樓它瑪拉昧土扣己

最後法輪無上時輪之

རྒྱལ་བསྟན་སྤེལ་མཁས་དཔལ་ལྡན་ཇོ་ནང་པས།།

給登杯克班登求囊北

聖教廣傳具德覺囊巴

ངེས་དོན་སྙིང་པོའི་བསྟན་པ་དར་བ་བཞིན།།

俄屯寧波登巴塔瓦行

如彼傳揚了義精華教

གླིང་འདིར་རྒྱལ་བསྟན་སྙིང་པོ་དར་རྒྱས་ཤོག།

玲迪給燈寧波塔給秀

祈願佛教精華傳寶島

རྒྱལ་དབང་པདྨའི་ལུང་ཟིན་བློ་བཟང་གྲགས།།

給汪貝昧隆森樓桑查

勝王蓮師授記洛桑札

མཁས་གྲུབ་མང་བརྟེན་བཟང་གསུམ་དཔལ་གྱིས་ཕྱུག།

克珠芒登桑松杯已去

依多學修上師具三德

མདོ་སྔགས་ཟུང་འབྲེལ་ཐུབ་བསྟན་འཛིན་མཁས་བཞིན།།

斗阿松哲土登增克行

如彼善持顯密雙運教

གླིང་འདིར་རྒྱལ་བསྟན་སྙིང་པོ་དར་རྒྱས་ཤོག།

玲迪給燈寧波塔給秀

祈願佛教精華傳寶島

རིས་མེད་རྒྱལ་བསྟན་པདྨོའི་ཚལ་བཞད་ནས།།

日昧給登貝摸冊協內

不分宗派聖教蓮園綻

ཕྱི་ཡི་དགྲ་བགེགས་འབྱུང་བཞིའི་གནོད་ཞི་དང་།།

企以札給炯席虐息倘

平息外在敵擾四大災

ནང་གི་ཆགས་སྡང་རྨོངས་པའི་དུག་སེལ་ནས།།

囊己洽當孟北土色內

去除內在貪瞋癡三毒

གསང་བ་བྱང་ཆུབ་སེམས་ཀྱིས་རྒྱུད་སྨིན་ཏེ།།

桑哇強去森己句民德

秘密以菩提心熟相續

གླིང་འདིར་རྒྱལ་བསྟན་སྙིང་པོ་དར་རྒྱས་ཤོག།

玲迪給燈寧波塔給秀

祈願佛教精華傳寶島

མཆོག་གསུམ་རྩ་གསུམ་སྲུང་མའི་བྱིན་རླབས་དང་།།

秋松匝松松昧琴拉倘

三寶三根護法之加持

བདག་གི་ལྷག་བསམ་དག་པའི་བདེན་སྟོབས་ཀྱིས།།

打己哈散塔北登豆己

及吾清淨意樂諦實力

མི་མཐུན་འགལ་རྐྱེན་རྒུད་པ་ཀུན་ཞི་ནས།།

米呑給堅古巴衰息內

平息違緣衰敗諸不順

ཚེ་བསོད་དཔལ་ཡོན་རྒྱས་པའི་བཀྲ་ཤིས་ཤོག།

冊雖杯元給北札西秀

祈願福祿壽德廣吉祥

ཅེས་པ་འདི་རང་གི་ཆོས་གྲོགས་དམ་པ་ཤཱཀྱའི་དགེ་སློང་སྐད་གསུམ་སྨྲ་བ་བསྟན་འཛིན་འོད་རྒྱལ་ནས་ཐེ་སྐོར་སྟོང་ཕྲག་རྒྱལ་སྲིད་ཀྱི་གྲངས་ལྡན་དང་། བཀྲ་ཤིས་ལྷ་རེག་བཅས་ཕུལ་ནས་ཐེ་ཝན་འདིར་རིས་མེད་ཀྱི་ཐུབ་བསྟན་དར་རྒྱས་དང་ལེགས་པའི་མཐུན་རྐྱེན་འགྲུབ་པ་དང་མི་མཐུན་པའི་འགལ་རྐྱེན་ཞི་བའི་ཆེད་སྨོན་ཚིག་ཐུང་ངུ་ཞིག་འབྲི་རོགས་ཞེས་སྐུལ་ངོ་མ་ཟློག་ཙམ་དུ་སྔ་འགྱུར་རྙིང་མའི་དབུ་འཛིན་གྱི་མིང་ཙམ་འཛིན་པ་ཀཿཐོག་དགེ་སྤྲུལ་འགྱུར་མེད་བསྟན་པ་རྒྱལ་མཚན་ནས་བོད་རབ་གནས་ས་ཁྱི་ཟླ་ ༧ཚེས ༨ ལ་བྲིས་པ་དགེ་ལེགས་སུ་འཕེལ། སརྦ་མངྒ་ལཾ།། ||

以上乃由我的法友、說三語者釋迦沙門丹增暐傑獻予輪王七寶千元數目之台幣和吉祥哈達，為了台灣境內不分教派的佛教廣傳、成就善妙順緣，並且平息不順之違緣，而託囑說「請寫下一篇短短的願文」。僅於無法回絕之下，持有舊譯寧瑪掌教主名銜的噶陀格澤祖古局美登巴蔣參，寫於藏曆勝住火狗年[17]七月初八。願善妙增長！一切吉祥！

17 此為土狗年（二〇一六年）之誤植。

此《台灣佛教廣傳祈願文》，由丹增暐傑於二〇一六年藏曆土狗年七月空行日，譯於印度新德里佛骨舍利前，並請法護譯師校勘，復於二〇二三年藏曆水兔年八月空行日在蔚藍佛母守護之島修譯。願教法日光常照，願輪迴大浪止息，願十善波光無盡，願覺性通徹無垠。

善知識 JB0163

不是挪威的森林——噶陀格澤仁波切開示錄

作　　者／噶陀格澤仁波切
編 譯 者／丹增暐傑
責任編輯／陳芊卉
封面設計／周家瑤
內頁排版／菩薩蠻電腦科技有限公司
業　　務／顏宏紋
印　　刷／漾格科技股份有限公司

發 行 人／何飛鵬
事業群總經理／謝至平
總 編 輯／張嘉芳
出　　版／橡樹林文化
台北市南港區昆陽街 16 號 4 樓
電話：886-2-2500-0888 #2738　傳真：886-2-2500-1951
發　　行／英屬蓋曼群島商家庭傳媒股份有限公司城邦分公司
台北市南港區昆陽街 16 號 8 樓
客服專線：02-25007718；02-25007719
24 小時傳真專線：02-25001990；02-25001991
服務時間：週一至週五上午 09:30-12:00；下午 13:30-17:00
劃撥帳號：19863813　戶名：書虫股份有限公司
讀者服務信箱：service@readingclub.com.tw
城邦網址：http://www.cite.com.tw
香港發行所／城邦（香港）出版集團有限公司
香港九龍土瓜灣土瓜灣道 86 號順聯工業大廈 6 樓 A 室
電話：852-25086231　傳真：852-25789337
電子信箱：hkcite@biznetvigator.com
馬新發行所／城邦（馬新）出版集團
Cite（M）Sdn. Bhd.（458372U）
41, Jalan Radin Anum, Bandar Baru Seri Petaling,
57000 Kuala Lumpur, Malaysia.
電話：+6(03)-90563833　傳真：+6(03)-90576622
電子信箱：services@cite.my

一版一刷　2025 年 1 月
ISBN：978-626-7449-50-9 (紙本書)
ISBN：978-626-7449-49-3 (EPUB)
售價：360 元
城邦讀書花園
www.cite.com.tw

國家圖書館出版品預行編目（CIP）資料

不是挪威的森林——噶陀格澤仁波切開示錄 / 噶陀格澤仁波切作 ; 丹增暐傑編譯 . -- 一版 . – 臺北市 : 橡樹林文化出版 : 英屬蓋曼群島商家庭傳媒股份有限公司城邦分公司發行 , 2025.01
面 ;　公分 . -- (善知識 ; JB0163)
ISBN 978-626-7449-50-9 (平裝)

1.CST: 藏傳佛教 2.CST: 佛教修持

226.965　　113016841

填寫本書線上回函